연구진

정우락(한문학, 경북대 교수)
조구호(국문학, 경상대 외래교수)
박용국(역사학, 경상대 외래교수)
이시활(중문학, 경북대 외래교수)
추제협(철　학, 계명대 외래교수)
김종구(국문학, 경북대 외래교수)

남명학과 현대사회

초판1쇄 인쇄　2015년 9월 14일
초판1쇄 발행　2015년 9월 21일

지은이　남명학연구원
펴낸이　이대현
펴낸곳　도서출판 역락
　　　　서울 서초구 동광로 46길 6-6 문창빌딩 2층
　　　　전화 02-3409-2058(영업부), 2060(편집부)
　　　　팩시밀리 02-3409-2059
　　　　이메일 youkrack@hanmail.net
　　　　등록 1999년 4월 19일 제303-2002-000014호

ISBN　979-11-5686-244-4 93150
정　가　16,000원

남명학과 현대사회

남명학연구원 지음

역락

책머리에

성인의 가르침과 좋은 말씀이 세상에 없어서 인격이 황폐해지고 정치가 부패해지는 것은 아니다. 도리를 모르고 지식이 부족해서 가정이 붕괴하고 뇌물 먹는 엘리트들이 나라 안에 가득한 것은 아니다. 문제는 실천하려는 의지가 없고 유혹에 흔들리지 않는 부동심이 부족하다는 것이다. 남명(南冥)의 문제의식은 바로 여기에 집중되어 있다. 무엇 때문에 알면서도 실현되지 않는 것인가? 해군참모총장이 '군함에 어군탐지기를 달면 안 된다.'는 '도리'를 몰라서 그것을 달도록 허용했을까? 인간의 탐욕과 사욕은 자신은 물론 공동체를 위기에 빠트린다.

현대의 지식인들은 유학을 골동(骨董) 정도로 생각하는 경우가 많다. 이기론(理氣論)은 조선 후기를 관통하는 학계 최대의 이슈였지만, 지금은 개인의 수양이나 국가경영에 별 다른 도움이 되지 못하는 것으로 안다. 조선시대에 권위를 누렸던 수많은 유교 유적들은 복고적 향수에 젖은 후손들의 '자랑거리'나 '문화관광'의 한 모퉁이에 밀려 나 있을 뿐이다.

그러나 유학의 핵심 교훈은 시공을 넘어 사람들의 공감을 불러일으킨다. '인간의 도리'에 대한 유교적 관점은 사람의 마음을 당당하게 하고, 삶의 의미를 충족시키는 '그 무엇'을 갖고 있다.

공허한 '도리'를 훨씬 넘어 생활을 가능하게 하는 핵심적 요소가 있다는 것이다.

인간은 야수성이 많아서 지극히 위태롭지만 착한 성품은 너무나 작고 미미하다. 유학은 이것을 깊이 인식하는데서 출발한다. 현대의 생물학이 밝혀낸 바로는 인간과 침팬지는 유전자의 99%가 같고 1%만 다르다고 한다. 유학의 궁극적 목표는 '성인(聖人) 되기'라 하겠는데, 침팬지와 다른 그 1% 안에 이것이 존재한다.

공자는 인간의 '야수성'을 극복하는 것에 교육의 초점을 두었다. 이 때문에 '사욕을 이기고 예(禮)를 회복하는 것이 바로 인(仁)이라 할 수 있었던 것이다. 이에 대하여 주자는 "성(聖)은 단지 인(仁)을 실천하여 그 지극한 곳에 이르는 것"이라 면서 인을 행하는 일은 사욕을 이겨내어 예(禮)에 돌아가는 것이라 설명한다.

정치지도자들을 포함한 우리 사회의 리더들이 '사적인 탐욕'을 부리지 않는 것은 국가와 국민에 대한 '예(禮)'다. 참모총장이 뇌물에 흔들려 군함에 어군탐지기를 허용한 것은 군(軍)과 국가, 국민에 대한 '예(禮)'를 저버린 것이다. '예'가 없으면 사람이 아니다. 이 때문에 최근 국회를 통과한 '인성교육진흥법'에서는 이 예를 효, 정직, 책임, 존중, 배려, 소통, 협력과 함께 핵심 덕목으로 제시할 수 있었던 것이다.

남명은 '사욕을 끊는 것'에 수양과 교육의 초점을 두었다. 그래서 도리를 분명히 하는 '성찰하는 인간상'과 도리를 과단성 있게 실천하는 '실천하는 인간상'을 결합시킨다. 이것이 바로 그의 경의사상(敬義思想)을 핵심이다. 조선의 주류 주자학이 소홀히 한 기(氣)를 기르면서 이를 통해 실천하고자 했던 것은, 남명의 제자인 한강(寒岡) 정구(鄭逑)와 망우당(忘憂堂) 곽재우(郭再祐) 등을 통해 광범하게 드러나다. 심신일치(心身一致)의 교육적 패러다임이 아닐 수 없다.

이 책은 남명의 가르침을 현대에 구현할 수 있는 방향과 방법을 다방면에서 모색해 본 것이다. 이를 위하여 경북대 정우락(鄭羽洛) 교수를 위시한 연구진이 노고를 아끼지 않았다. 끝으로 이 작은 책이 위험한 우리 시대를 개혁하는 데 일조하기를 바라며, 인성교육을 목표로 새롭게 탄생하는 한국선비문화연구원의 운영에 작은 도움이라도 되기를 기대한다.

2015년 5월
사단법인 남명학연구원 부원장 박병련 삼가 씀

차례

왜 '남명학'을 주목하는가

지금 우리는 매우 위험한 시대에 살고 있다. 기계론적 세계관에 입각한 근대의 과학문명은 인류의 삶을 매우 편리하게 하였지만, 이에 못지않은 그늘도 생겨나게 되었기 때문이다. 그 그늘은 개인은 물론이고 가정과 사회를 넘어 범우주적인 것으로 확장되고 있다. 과도한 경쟁으로 인한 스트레스와 같은 정신적 장애, 가족 간 불화 등으로 인한 가정의 해체, 진보와 보수라는 정치적 이념의 대립, 학교폭력과 환경오염 등 이루 말할 수 없는 위기가 모두 그러한 것이다. 현대의 위기적 국면이 이러하므로 우리 시대 사람들의 행복지수는 지극히 낮은 편이다. 여기서 우리는 남명학을 다시 주목한다.

남명학에 대한 새로운 비전은 여러 가지로 제시할 수 있다. 이 가운데 현실의 삶과 결부시켜 볼 때 두 가지 측면이 더욱 밀착되어 있다. 첫째, 남명학의 현대적 응전력에 대한 연구이다. 그동안

남명南冥 조식曺植(1501-1572)
장우성 화백이 남명의 흉상을, 조원섭 화백이 전신을 그렸다.
허리에 '성성자'를 차고 있다.
이 성성자는 남명이 외손서 김우옹에게 전했다.

남명의 경의사상과 실천정신 등은 거듭 논의되어 왔다. 이제는
여기서 한 걸음 나아가 남명학이 현대인이나 현대의 한국사회에
어떻게 기능할 수 있는가 하는 부분을 구체적으로 따질 수 있어
야 한다. 두루 아는 것처럼 오늘날 우리 사회는 전방위적인 위기
에 봉착해 있다. 개인적 위기는 말할 것도 없고 사회적 차원, 나
아가 전지구적 차원에서도 마찬가지이다. 이로 볼 때 위기관리는
우리 사회가 당면한 매우 중요한 문제가 아닐 수 없다. 여기에
남명학이 어떤 봉사를 할 수 있는가 하는 것이다.

둘째, 남명학의 문화론적 접근에 대한 연구이다. 남명학에 대
한 실증주의 혹은 구조주의적 이해는 남명학의 정체성을 확인하
는 데 중요한 기여를 했다. 그러나 이것이 남명학 연구의 전부가
될 수는 없다. 이러한 자각 하에서 새로운 돌파구가 필요하고,
여기서 제출될 수 있는 것이 바로 문화론적 접근이다. '문화'라

는 개념이 그러하듯이 문화론은 융합적이고 포괄적으로 대상을 파악하며, 우리의 삶에 대한 현재적 문제에 민감하게 반응한다. 남명학 역시 이러한 관점에서 연구될 수 있으며, 이때 우리는 남명학에 대한 문화론적 비전을 발견할 수 있게 된다.

이 책에서 주목하고자 하는 것은 남명학의 현대적 응전력에 대한 문제이다. 남명南冥 조식曺植(1501-1572)은 오늘날 한국 사회에서 새롭게 부상되고 있는 '선비정신' 내지 '선비문화'의 표상으로 널리 알려진 인물이다. 우리 시대에 이르러 '남명'과 '선비'가 주요 키워드로 떠오른 데는 나름대로 이유가 있다. 물질지상주의와 이기주의가 만연하여 전통적인 예의는 물론이고 인간으로서 지켜야 할 기본적인 도리도 제대로 지키지 않는 사회가 되었기 때문일 것이다. 즉, 절망의 시대를 맞아 선비를 다시 불러야 하는 그러한 시대가 되었다는 것이다.

① 정직하고 청렴한 공직자상을 확립할 수 있다

다산茶山 정약용丁若鏞(1762-1836)은 『목민심서牧民心書』에서 공직자가 갖춰야 할 덕목으로 율기律己·봉공奉公·애민愛民 세 가지를 들면서 이 가운데 '율기'를 가장 중시했다. '율기'란 스스로를 규율하는 것이다. 다른 말로 '자기 통제' 또는 '자기 관리'라 할 수 있을 것이다. '봉공'은 공公을 받드는 것이며, '애민'은 백성[民]을 사랑하는 것이다. 공직자로서 애민, 봉공은 기본이면서 중요한 것이지만 스스로를 규율함이 없이는 이것 또한 기대하기 힘들다. 율기가 중요한 것은 바로 여기에 있다. 스스로를 규율한다는 것은 인격적 자기완성을 추구하는 것이자 다른 사람의 모범이 되는 것이다.

오늘날 공직자들에게 정약용이 말한 것처럼 엄격한 윤리의식을 요구하는 것은 지나친 것일지도 모른다. 교사들도 노동자로서의 권리를 주장하고, 생명을 다루는 의사와 간호사도 자기들의 권리를 위해서는 파업을 마다하지 않는데, 공직자들에게만 공복의식公僕意識을 요구하기는 어려울 것이다. 그렇지만 공직자들은 윤리헌장에 명시된 바와 같이, 공공에 봉사하는 것이 임무이다. 그들에게 선비정신을 상기시키는 것은 그런 점에서 중요한 의미가 있다.

남명은 정직과 청렴은 자기 수양에서 나온다고 생각했다. 이 때문에 우암尤菴 송시열宋時烈(1607-1689)은 남명의 신도비명에서, "사람마다 공정한 마음을 귀하게, 사사로운 욕심을 천하게 여길 줄 알고, 현실 사회에서 깨끗하게 사는 것을 숭상하면서 관권의 탐욕스러움을 부끄럽게 여길 줄 알게 한 것은 선생의 공이다."라고 할 수 있었다. 수양과 학문의 일관성이 없으면 이룰 수 없는 경지라 하지 않을 수 없다.

② 봉사하고 실천하는 지식인상을 정립할 수 있다

흔히 지식인은 많아도 지성인은 드물다고 말한다. 이 말은 지성인은 지식인과는 다른 의미로 통용되고 있음을 의미한다. 그렇다면 지성인은 어떤 사람인가. 단순히 지식만 많은 사람을 지식인이라고 지칭해 왔다면, 지성인은 자신이 습득하고 있는 지식을 통해 그가 몸담고 있는 사회와 사람들을 위해서 무엇을 할 수 있을지 끊임없이 고민하고 실천하는 사람이라 하겠다. 그래서 시대의 지성인은 그가 몸담고 있는 사회의 지표가 되었던 것이다. 그것은 3·1 독립만세운동이나 4·19 의거, 광주민주화운동 등의 사회적 위기상황에서 많은 지성인들이 정의를 수호하기 위해 죽음을 마다않고 투쟁했던 것에서 알 수 있다.

이는 오늘날뿐만 아니라 역사적으로도 그러했다. 특히 성리학에 기반을 둔 지식인들이 정치를 주도했던 조선시대에는 지성인의 책무에 대한 논쟁이 뜨거웠다. 주지하는 바와 같이 네 번의 사화士禍가 그것을 잘 대변해주고 있다. 말 한 마디에 목숨을 걸어야 했던 조선시대의 지성인인 선비의 책무는 무엇이었고, 그들의 처신은 어떠했을까? 조선시대 선비의 모범이라 할 수 있는 정암靜菴 조광조趙光祖(1482-1519)는 선비의 덕목에 대하여, "무릇 자신을 돌보지 않고 오직 나라를 위하여 도모하며, 일을 당해서는 과감히 실행하고 환난을 헤아리지 않는 것이다."라고 말하기도 했다.

남명도 '군자君子의 도는 필부필부匹夫匹婦의 일상생활에서부터 시작되어 가정과 나라, 천하에까지 미치는 것이니, 다만 선악善惡을 분별하여 몸이 정성스럽게 되도록 하는 데에 달렸을 뿐'이라고 하였다. 곧 일신의 안위나 영달을 추구하지 않고 관직에 나아가면 자신의 자리에 충실한 일을 해야 하며, 물러나 은거隱居해 있으면 스스로를 지킬 줄 아는 것이 선비라는 것이다.

선비가 전통사회에서 그 시대의 지성인으로 인식되었던 것처럼, 지금 우리 사회가 요구하는 이념을 제시하며 봉사하고 실천하는 사람이 바로 오늘의 선비이고 지성인이다. 따라서 오늘날 지식인은 단순하게 지식만을 습득하는 것이 아닌 사회가 요구하는 크고 작은 현안들에 적극적으로 의사를 표시하고 행동하는 시대의 양심이 되어야 한다. 그러기 위해서는 세속적 욕구에 매몰되지 않고 더욱 높은 이상을 지향하는 선도자로서의 긍지와 용기를 갖추어야 한다. 아울러 자신의 과오를 반성할 줄 아는 성찰의 자세와 사회의 모든 계층을 통합하고 조화시키는 포용력 또한 지녀야 할 것이다.

③ 신뢰하고 화합하는 시민정신을 구축할 수 있다

얼마 전 우리는 생활고에 시달리다 목숨을 끊은 세 모녀의 죽음을 언론보도를 통해 접한 바 있다. 이로써 우리 사회의 저소득층과 소외 계층에 대한 관심이 고조되었다. 그러나 그것도 잠시, 모두들 이웃과 더불어 사는 공동체의식을 기르기보다는 저마다 눈앞의 이익 추구에만 혈안이 되어 있다. 정치인들은 극빈층을 위한 복지보다는 정권의 유지나 쟁취에 급급하고, 법조인을 비롯한 공직자들은 정치인들과 공생하며 기득권 지키기에 몰두한다. 종교인들은 사랑과 자비를 베풀기보다는 교세확장에 열심이고, 대학 교수를 비롯한 지식인들은 자기도취와 무사안일에 빠져 있다.

일반 시민들도 다르지 않다. 내 앞의 삶에 급급한 나머지, 목숨을 부지하기 위해 몸부림치는 사람들의 처절한 모습을 외면하기 일쑤다. 우리 모두가 눈앞의 이익에 가려, 다른 사람의 고통을 보지 못한 것이다. 어디에도 손 내밀 곳 없는 가난한 서민들이 이웃을 믿고 의지할 수 있는 신뢰와 상생의 공동체를 다시 회복하기 위해서는 수신과 검약儉約으로 스스로 모범을 보였던 선비들의 삶을 새롭게 주목해야 한다.

이웃과 더불어 사는 공동체의식은 견리사의見利思義와 상부상조하는 삶의 자세에서 비롯된다. 올바르지 않은 이익을 탐하지 않고 바르게 행동하는 것은 어느 시대를 막론하고 사람들에게 요구되었던 덕목이다. 눈앞의 이익에 얽매여 원칙과 정도를 어기고 주위와 이웃을 기만하면 더불어 사는 공동체는 형성되지 않고 자본의 논리가 그 사회를 지배하게 된다. 그것은 힘의 논리가 지배하는 정글과 다를 게 없다. 이러한 상황 속에서 남명이 강조한 공도에 입각한 신뢰와 화합은 매우 중요한 시대적 메시지가 아닐 수 없다. 그렇지 않으면 힘 센 놈이 대장이 되듯이, 돈 많은 사람이 무소불위無所不爲의 권력을 휘둘러 끝내 더불어 사는 공동체는 파괴되고 말 것이기 때문이다.

일찍이 맹자孟子도 위정자의 덕목으로 여민동락與民同樂, 즉 백성과 즐거움을 함께 하는 것을 강조한 바 있다. 백성들은 다양한 고통에 시달리며 비참한 생활을 하고 있는데도 불구하고, 혼자만 즐거움을 누리며 백성을 억압한 임금은 그 자리를 오래 지키지 못했다. 역사적 평가 역시 부정적일 수밖에 없다. 일반인들도 마찬가지이다. 뺏고 빼앗기는 동물적 세계에서 벗어나, 신뢰와 화합을 바탕으로 한 시민공동체를 만들어야 한다. 즉 공공의 이익을 위하여 우리는 '견리사의'의 정신을 가져야 할 것이고, 이를 바탕으로 이웃의 아픔과 고통을 함께 나눌 수 있어야 한다.

제1장
실천주의 사상가 남명 조식

실천주의 사상가 남명南冥은 경남의 합천 삼가에서 태어났다. 그는 퇴계退溪 이황李滉(1501-1570), 율곡栗谷 이이李珥(1537~1584)와 더불어 조선의 사상을 구축하는 데 중요한 역할을 하였다. 그는 주자학을 맹목적으로 추종하는 데 머무르지 않고, 당대 시대적 현실을 자각하며 위로는 무능한 집권세력에 대한 강력한 비판정신을, 아래로는 힘없는 백성에 대한 무한한 애정을 갖고 있었다. 이러한 마음 자세로 백성이 행복한 세상을 열기 위해 끊임없이 노력하였던 것이다. 따라서 그는 배운 지식을 내면화하여 도덕적 바탕을 만든 다음, 이를 두려움 없이 사회적인 실천으로 나아가게 했던 것이다. 그의 사회적 실천은 이런 맥락에서 이해된다.

남명은 몇 차례 벼슬길에 나아갈 기회가 있었지만, 그때마다 사양하고 정의에 기반한 자신의 강고한 뜻을 사회를 향해 전하

남명조식선생지상南冥曺植先生之像 :
남명기념관(경남 산청군 시천면 남명로 311) 경내에 있다.
2001년 남명 탄신 500주년 기념사업 때 세웠다.
석상은 중국 운남성 옥석을 사용했다.

는 한편, 미래 세대의 희망인 후학을 양성하는 데 심혈을 기울였
다. 특히 실천이 따르지 않는 학문은 무용하다는 입장에서 실천
주의 사상을 정립하였으며, 이러한 그의 사상은 후대에 더욱 높
은 평가를 받았다. 즉 그를 우암 송시열을 비롯한 많은 사람들은
'선비의 표상'이라고 했고, 교육자이자 독립운동가였던 이만규李
萬珪(1889-1978)는 '조선 500년 동안 가장 성공한 교육자'라고 칭
송했다.

1. 남명의 삶과 실천·실용주의

남명 삶의 핵심은 끊임없이 자신을 돌아보는 자기 수양 과정
과 사회적인 실천 과정을 부단히 변증법적으로 결합하고 성취하

덕천서원德川書院, 경의당敬義堂 편액 : 덕천서원(경남 산청군 시천면 원리 222-3)의 편액과 강당의 편액이다.

는 데에 있다. 다시 말해 개인적인 차원에서는 더 높은 인격을 만들고, 이것을 바탕으로 사회적 실천을 통해 정의로운 사회공동체를 만드는 것이다. 그 핵심에 '경의敬義'로 요약되는 실천정신이 있다. 여기서 '경'이란 자기 성찰을 통해 안으로 마음을 밝게 하는 것[內明者敬]이고, '의'란 경에 의해 밝아진 마음에 입각하여 밖으로 올바른 행동을 결단하는 것[外斷者義]을 말한다. 즉 인간이 의식의 창을 맑게 하는 것이 '경'이라면, 그러한 창을 통해 외부 세계를 정확하게 보고 행동을 바르게 결정하는 것이 '의'라는 것이다.

1) 남명 삶의 특징

남명이 살았던 시대는 거듭된 사화와 권신들의 횡포로 국정이 문란한 때였다. 이로 인해 관리들은 개인적인 이익을 취하는 데 혈안이 되어 공물을 장악하고 백성을 착취하여 민생이 도탄에 빠졌으며 왜구의 침략도 빈번하여 백성들은 내우외환의 이중고에 시달려야 했다. 이러한 시대에 남명은 백성들의 고통을 보고 겪으면서 국정의 기강 확립과 관료의 개혁을 절감하고 강력한 비판정신에서 나오는 실천행동을 바탕으로 관리들의 의식을 바로잡으려는 등 선비의 책무를 다하려고 노력했다. 이러한 남명의 삶은 크게 세 가지로 요약할 수 있는데, 즉 배운 것을 실천하는 지행합일의 정신, 올바르지 않는 부패한 시대 현실에 대한 강력한 비판정신, 백성의 고통과 국가의 안위에 대한 걱정이 그것이다. 이를 보면 남명의 삶은 지금 이 곳에 살고 있는 지식인에게도 유효한 삶의 표상이라 할 수 있다.

① 앎과 행동이 일치하는 삶을 살다

남명의 사상은 입으로만 그럴듯하게 말하는 공리공담이 아니라, 사람들의 실생활에 필요한 일을 자기 나름대로 실천하는 아주 자그마한 것에서부터 출발하고 있다. 남명은 실생활에 가장 기초가 되는 삶의 태도를 배우지 않고서 단순한 지식과 견문만을 넓히는 것은 부질없는 구두선에 불과하다고 생각했다. 그는 퇴계退溪 이황李滉에게 보낸 편지에서 "근래 학자들을 보건대, 손으로 물 뿌리고 비질하는 예절도 모르면서 입으로 천리天理를 말한다."라고 했다. 여기서 '손으로 물 뿌리고 비질하는 예절'은 『소학小學』에서 말하는 쇄소응대灑掃應對, 즉 사람이 행해야 할 기본적인 최소한의 도덕과 예의에 해당한다. 학문하는 자들이 이러한 기본적인 것도 제대로 못하면서 입으로는 그럴듯한 말만 늘어놓는 것은 세상을 속이는 일이라고 비판했다. 그의 벗인 대곡大谷 성운成運(1497-1579)이 지은 묘비문에서도 남명의 이러한 점은 확인된다.

> 일찍이 학자들에게 "오늘날의 학자들은 절실하고 가까운 덕을 버리고 고원한 것만을 추향한다. 학문을 하는 것은 애초 어버이를 섬기고, 형을 공경하며, 어른을 공경하고, 어린이를 자애하는 데에서 벗어나지 않는다. 혹 이를 힘쓰지 않고 갑자기 성리性理의 깊은 뜻을 탐구하려 하면 이는 인사人事 위에서 천리를 구하는 것이 아니다. 그래서 끝내 마음에 실득實得이 없을 것이니 깊이 이 점을 경계해야 한다."라고 말하였다.

"어버이를 섬기고, 형을 공경하며, 어른을 공경하고, 어린이를 자애하는" 것은 사람에게 요구되는 가장 기본적인 것이면서 가장 절실한 일이다. 높은 차원의 진리를 탐구하는 것도 중요하지만, 그것의 궁극적 목적은 결국 인간이 인간답게 살아가는 지금 여기의 현실적 삶에 있다. 남명은 사람들이 몸담고 있는 현실적 삶에 근거하지 않는 지식은 공허한 울림이며 공리공담에 지나지 않는다고 인식하였다. 이 때문에 남명은 아주 낮은 곳에서 보고 배운 것을 현실에 적용시키는 실천적 삶을 특별히 중시하였던 것이다.

② 부조리한 현실에 대한 강력한 비판정신을 갖다

을묘乙卯(1555)년에 단성현감丹城縣監을 사직하며 올린 상소문 : 용암서원(경남 합천군 삼가면 외토리) 앞, 남명의 우환의식과 우국충정이 잘 표현된 「단성현감사직소」가 새겨져 있다.

남명은 백성들의 삶을 고통에 빠트리는 국정의 문란과 관리의 횡포를 서슴없이 비판하였다. 문정왕후의 오빠인 윤원형 일파가 국정을 농단하는 것을 보고 이를 비판한 「단성현감사직소」는 당시 조정과 사림을 요동치게 하였다. 남명은 55세 되던 1555년에 단성현감을 사직하는 상소에서 "전하의 정치가 이미 그릇되었고,

나라의 근본은 이미 망했으며, 하늘의 뜻도 이미 떠나갔으며, 인심도 이미 떠났습니다. 비유하자면 이 나라는 백 년 동안 벌레가 속을 갉아먹어 진액이 이미 말라버린 큰 나무와 같습니다."라고 하여 조선의 당대 현실을 진단하고 있다. 이로 인해 "하급관리들은 아랫자리에서 희희덕거리며 주색을 즐기고 있으며, 고위 관리들은 윗자리에서 어물거리며 오직 뇌물로 재산만 불리고 있습니다. 물고기의 배가 썩어가는 데도 아무도 치유하려고 하지 않습니다."라고 하였다.

이러한 비판은 문정왕후에게까지 미쳤다. "대비[문정왕후]께서는 비록 생각이 깊으시기는 하나 깊은 궁중의 일개 과부에 지나지 않고, 전하께서는 단지 선왕의 대를 잇는 일개 어린 외로운 아드님일 뿐이니 빈발하는 온갖 천재와 억만 갈래의 인심을 어떻게 감당하며 어떻게 수습하시겠습니까?"라고 격렬히 비판했다. 그런 다음 남명은 "정치를 하는 것은 사람에게 달려 있으니, 군주가 사람을 임용할 적에는 자신의 몸으로써 모범을 보여야 하고, 자신의 몸을 닦을 적에는 자신의 몸으로써 모범을 보여야 한다."라고 지적하면서 "전하께서 만약 사람을 등용하실 적에 자신의 몸으로서 하신다면, 조정에 있는 사람이 모두 사직을 보위하지 않는 이가 없을 것이다."라고 하여 시대 현실을 타개할 수 있는 해결책을 제시하기도 했다.

이렇게 남명의 「단성현감사직소」는 정치의 윗물이 맑아야 아랫물이 자연스레 맑아진다는 평범한 상식적 진리에서 나온 우국충정의 발로였다. 이 상소가 올라가자 명종은 그 말이 군왕과 대왕대비에 불경하니 처벌해야 한다고 했으나, 명종 때 영의정을 지낸 심연원沈連源(1491-1558) 등이 선비가 나라를 걱정하는 말일 뿐인데, 이를 처벌하면 언로가 막힌다면서 변론하고 나섰다. 이 때문에 명종은 자신의 생각을 거두어들이게 된다. 당시 남명의 상소는 사림의 정신적 지주로서 목숨을 걸고 할 말을 했다는 평을 들었다.

③ 백성의 고통에 대하여 가슴 아파하다

남명은 시골에 은거해 있으면서도 관리들의 횡포에 피폐해진 백성들의 삶을 안타까워하여 눈물을 흘리거나 왜구의 침략에 따른 국가적 위기를 심각하게 인식하기도 했다. 이렇게 그의 백성들에 대한 애정과 나라에 대한 우국충정은 시종일관 변함이 없었다. 이러한 모습은 동강東岡 김우옹金宇顒(1540-1603)이 지은 행장을 비롯해 많은 글에서 엿볼 수 있다.

> 학사대부와 더불어 이야기하다가 시정의 폐단과 백성의 곤궁함에 이르면 일찍이 팔을 걷고 목이 메이다가 때로는 눈물을 흘렸다. 듣는 이들이 송구스러워 할 정도로 세상을 잊지 못하고 근심하였다.

> 선생은 세상을 잊지 못하시고 나라와 백성을 걱정하시어, 달 밝은 밤이면 홀로 앉아 슬피 노래하셨는데, 노래가 끝나면 눈물을 흘리셨다.

이렇게 백성의 곤궁함을 보고 안타까워하며, 눈물을 흘리기까지 하는 남명의 애민정신은 그것을 지켜볼 수밖에 없는 자기 스스로에 대한 탄식이자 위정자들에 대한 비판이며 개혁에 대한 염원이기도 했다. 「유두류록遊頭流錄」에서는 다음과 같이 나타난다.

쌍계사雙磎寺 : 남명은 57세 되던 해 1588년(명종 13) 음력 4월 10일부터 25일까지 지리산을 유람하고 「유두류록」을 남긴다.

쌍계사와 신응사 두 절이 모두 두류산 한복판에 있어 푸른 산봉우리가 하늘을 찌르고 흰 구름이 문을 잠근 듯하여 마치 사람의 연기가 드물게 이를 듯한데도, 이곳 절까지 관가의 부역이 폐지되지 않아, 양식을 싸들고 무리를 지어 왕래함이 계속 잇달아서 모두 흩어져 떠나가는 형편에 이르렀다. 그러자 절의 중이 고을 목사에게 편지를 써서 세금과 부역을 조금이라도 완화해 주기를 빌었다. 그들이 하소연할 데가 없음을 안타깝게 생각해서 편지를 써 주었다. 산에 사는 중의 형편이 이러하니 산촌의 무지렁이 백성들의 사정은 알 만하다

하겠다. 행정은 번거롭고 세금은 과중하여 백성과 군졸이 유망하여 아버지와 아들이 서로를 보호하지도 못하고 있다. 조정에서 바야흐로 이를 크게 염려하고 있는데, 우리가 그들의 등 뒤에서 여유작작하게 한가로이 노닐고 있으니 이것이 어찌 참다운 즐거움이겠는가.

남명의 애민의식이 소박하게나마 드러난 글이다. 위에서 보듯이 남명은 지리산 한복판에서 백성의 고통에 대한 연민으로 가슴 아파하고 있다. 쌍계사와 신응사는 지리산 깊숙한 곳에 있는데 관가의 부역과 부세가 여기에까지 미치니 백성들이 유랑할 수밖에 없다고 하였다. 절에 있는 중이 이 같은 폐단으로 고통스러워하자, 안타까운 마음에 그 고을의 목사에게 대신 편지를 써서 구제되기를 바랐다는 것이다. 남명은 중의 곤궁한 생활을 통해 산촌에 사는 백성들의 삶을 떠올린다. 번거로운 행정과 과중한 세금으로 인하여 결국 백성과 군졸은 유망하여 아버지와 아들이 서로를 돌보지 못하는 극한상황에까지 이르리라는 것은 불을 보듯 뻔한 일이었다. 이런 상황에서 여유작작하게 산천을 찾아 노니는 것이 과연 참된 즐거움이 될 수 있겠는가 하고 탄식한다. 백성과 함께 하는 즐거움이 아니기 때문이었다. 이처럼 남명은 산에 사는 중의 고난에서 비롯하여 일반 백성들의 고충으로 시선을 돌려, 이를 마침내 자기 반성의 계기로 삼는 것에서 그의 강한 애민의식을 느낄 수 있다.

여기에서 우리는 글 읽은 선비로서의 책무를 읽을 수 있다. 글 읽은 선비가 백성의 고통을 외면하고 국가의 안위에 관심이 없다면, 그가 읽은 글은 무용지물일 뿐이고, 그의 삶도 무위도식하는 짐승들과 다를 바 없는 것이다. 이는 일제에 국권을 빼앗기자 매천梅泉 황현黃玹(1855~1910)이 글 읽은 선비로서 목숨을 부지하는 것이 구차하다고 하여 자결했던 것과 크게 다르지 않다.

2) 경의敬義사상과 실천주의 철학

경敬과 의義는 남명 사상의 핵심이다. 남명은 '경敬과 의義' 두 글자는 하늘에 해와 달이 있는 것과 같으니, 성현이 남긴 모든 말의 요점이 모두 여기에 있다고 했다. '경의'라는 말은 원래『주역』「곤괘坤卦」 문언전文言傳에 나오는 말로 '경이직내敬以直內, 의이방외義以方外'라고 한 것이다. 이를 풀이하자면, '경敬'으로써 마음을 곧게 하고 '의義'로써 밖을 반듯하게 한다는 것이다.

남명은『주역』의 이 말을 자기화하고 있다. 즉 '안으로 마음을 밝게 하는 것이 경敬이요[內明者敬], 밖으로 행동을 결단하는 것이 의義[外斷者義]이다.'라고 한 것이 그것이다.『주역』의 '직直'과 '방方'을 남명이 '명明'과 '단斷'으로 변용하여 경의의 의미를 더욱 선명하게 했다. 여기서 경으로 '밝다'는 것은 사욕으로 더럽혀지지 않은 밝은 의식의 창을 말하며, 의로 '결단한다'는 것은 밝은 창으로 외부 세계를 보고 올바른 행동을 결단한다는 것으로 이해된다. 이러한 남명의 '경의敬義'사상은 그의「신명사도神明舍圖」를 비롯한 다양한 시문에서 잘 나타난다.

포연鋪淵 : 가매쏘(거창군 신원면)라고 하며 「욕천」의 창작 공간이다. 그 위로 임청정과
소진정이 있다.

「욕천浴川」 시비 : 덕천서원 앞에 있다.

사십 년 동안 더럽혀져온 몸,	全身四十年前累,
천 섬 되는 맑은 못에 싹 씻어버린다.	千斛淸淵洗盡休.
오장 속에서 만약 티끌이 생긴다면,	塵土倘能生五內,
지금 당장 배 갈라 흐르는 물에 부쳐 보내리.	直今割腹付歸流.

위의 시 「욕천浴川」에서도 알 수 있듯이 "만약 몸속에 티끌이 있다면 당장 배를 갈라 흐르는 물에 부쳐 보내겠다."는 남명의 결연한 말은 그의 정신적 경지와 수양의 태도가 얼마나 높고 철저한지를 잘 보여주는 것이라 하겠다. 남명은 의를 '단斷'으로 설명하고 있는데, 우리는 여기서 어떤 쾌연성快然性을 발견할 수 있다. 배를 가른다는 것은 바로 이를 말한 것이다.

남명이 강조한 경의敬義는 개인의 수양과 실천뿐만 아니라, 관료를 비롯한 임금의 국가 통치의 사상적 기반으로도 아주 중요한 것이었다. 이는 경의사상이 개인의 차원에 머물러 있는 것이 아니라, 통치자들의 통치 논리와 맞닿아 있다는 측면에서 중요하다. 이것은 실천이 개인적인 차원에 한정되어 있지 않기 때문에 어쩌면 당연한 일이기도 하다. 남명은 1568년 선조에게 올린 「무진봉사戊辰封事」에서 다음과 같이 '경敬'에 기반한 '왕도정치'를 주장한 바 있다.

안으로 마음을 간직하여 혼자 있을 때를 삼가는 것은 대덕大德이고, 밖으로 살펴서 그 행동에 힘쓰는 것은 왕도王道입니다. 그 이치를 궁구하고 몸을 닦으며 가슴 속에 본심을 간직하고 밖으로 자신의 행동을 살피는 가장 큰 공부는 곧 경敬을 위주로 해야 합니다.

이른바 경敬이란 것은 정제하고 엄숙히 하여 항상 마음을 깨우쳐
어둡지 않게 하는 것입니다. 한 마음의 주인이 되어서 만사에 응하
는 것은, 안은 곧게 밖은 방정하게 하는 것입니다.

남명은 위의 글에서 군주의 수행법으로 '경敬'을 제시하였다.
즉 "이치를 궁구하고 몸을 닦으며 가슴 속에 본심을 간직하고 밖
으로 자신의 행동을 살피는 가장 큰 공부"가 경敬임을 강조하면
서 이러한 경공부敬工夫를 통해서만이 세상일에 올바르게 대처할
수 있다고 했다.

남명의 이러한 경의敬義사상의 중요성은 우리 역사상 미증유의
재난이었던 임진왜란에서도 잘 입증되었다. 왜적의 침략에 관군
은 속수무책으로 패퇴하고, 국토가 유린당하자 남명의 많은 문인
들이 도처에서 창의기병倡義起兵하여 왜적을 무찌르는 데 앞장섬
으로써 국난 타개에 커다란 공을 세웠던 것이다. 여기에는 평소
경의를 통한 실천적 태도를 강조했던 남명의 가르침이 있었기에
가능했다.

따라서 남명의 이러한 경의敬義사상을 오늘날 되살려 적극적으
로 활용할 필요가 있다. 무엇보다 경敬을 통한 철저한 자기 성찰
과 의義의 실천을 통한 국가에 대한 살신성인의 봉사는 공직자들
이 반드시 갖추어야 할 덕목에 해당하기 때문이다.

3) 민생 안정과 실용주의적 태도

어느 나라든 민생이 안정되지 않으면 나라가 흔들리고 만다. 민생이 하늘로 여기는 것은 '먹는 것[食]'이다. 그러나 선비와 관리들이 민생에는 아랑곳하지 않고 이기철학理氣哲學만을 추구하면서 공론을 일삼고, 갖은 세금으로 백성의 삶을 어지럽힌다면 민생이 안정될 수가 없다. 남명은 바로 이러한 측면에서 백성의 삶을 애정 어린 눈으로 살폈다. 그가 백성의 생활에서 포착한 것은 가난이었다. 여기에 대해 그는 다음과 같이 가슴 아파한다.

> 굶주림을 참는 데는 굶주림 잊는 수밖에 없나니,　忍飢獨有忘飢事,
> 모든 백성들이 쉴 곳조차 없다네.　　　　　　　　摠爲生靈無處休.
> 집 주인은 잠만 자고 전혀 구제하지 않는데,　　舍主眠來百不救,
> 푸른 산 그림자만 푸르게 저무는 시내에 드리워져 있네.　碧山蒼倒暮溪流.

「유감有感」이라는 남명의 시이다. 여기서 그는 "굶주림을 참는 방법은 굶주림을 잊는 방법 밖에 없다."라고 했다. 이처럼 시상을 전개시킨 후에는 백성들은 잠시라도 쉴 곳이 없다고 했고, 그 원인이 집 주인으로 표현되는 상층, 즉 관리들의 부조리에 있다고 보았다. '구제하지 않는다'라고 한 것이 그것이다. 이러한 생각을 저무는 시내에 드리워진 푸른 산 그림자를 통해 더욱 처연하게 드러내고 있다.

사실 남명 스스로가 가난한 백성이기도 했다. 남명의 삶이 얼마나 곤궁했던가는 「여전주부윤서與全州府尹書」에서 잘 드러난다.

누항陋巷 : 중국 산동성 곡부시에 있다.

이 편지에서 남명은 "지금은 삼가현에 있는 선친의 옛집으로 이
사와 살고 있습니다만, 살림이 빈한하여 매일 끼니도 제대로 잇
지 못하고 있습니다."라고 말하고 있다. 이러한 처지에서 남명은
백성들이 겪는 곤궁한 삶이 조금이라도 나아지기를 바라면서 형
이상학적 공론을 부정하고 하학적 실천을 도모하고자 했다. 이러
한 모습은 「누항기陋巷記」에서도 잘 나타난다. 「누항기」에서 남명
은 안자의 안빈낙도적 삶을 추구하면서 스스로 현실을 부정하는
'유세지상遺世之象'이 있었다고 했다. 그는 현실의 삶에서 벗어나
자연 속에서 살고자 했다. 그러나 남명은 여기에 안주할 수만도
없었다. 왜구의 침략을 비롯해 백성의 삶을 곤궁하고 피폐하게
만드는 현실을 묵과할 수 없었기 때문이다. 특히 과도한 공물과
관리들의 횡포에 백성들이 굶주리고, 심지어 삶의 터전을 버리고

도주하는 현실을 목도하면서 안빈낙도의 삶을 부정하고 적극적 실천주의로 나아가게 되었던 것이다.

그의 실용적 태도는 바로 이러한 실천주의가 현실에 더욱 밀착되면서 가능하게 되었다. 남명은 특히 활법活法을 강조하였는데, 이것은 생활 속에서 활용이 가능한 것을 말한다. 학문으로 말하면 죽어 있는 공허한 것이 아니라 일상생활 속에서 살아 있는 활학活學을 의미한다. 이러한 생각을 「경전經傳」이라는 시에 담아 놓았다.

> 광문은 자못 자운의 집과 같아　　　　　　　廣文頗似子雲家,
> 옛 일 상고하여 힘 얻음이 많다네.　　　　　稽古由來得力多.
> 활법은 모름지기 마루 아래 수레 다듬는 사람이 이해했나니 活法會須堂下斲,
> 다섯 수레 책의 의미도 하나의 '무사無邪'에 있네. 五車書在一無邪.

이 시는 이원李源의 서재인 청향당에서 읊은 여덟 수 중의 하나이다. 여기서 그는 윤편착륜輪扁斲輪의 고사를 들어 활법活法을 제시한다. 윤편착륜은 『장자莊子』의 「천도天道」편에 나오는 이야기로, 윤편이 서적에 등장하는 성인의 말이 옛사람의 찌꺼기에 불과하다고 하니 환공이 그 이유를 물은 것에서 유래한다. 즉 수레바퀴 깎는 일에 비유하여 수레바퀴는 느리지도 빠르지도 않게 깎아야 꼭 들어맞는데, 이것은 손이 익숙하고 마음이 응하기 때문이지 말로는 이야기 할 수 없는 것이라고 했다. 말하자면 학문의 본질은 독서를 통한 지식 습득에 있지 않고 자기 체득을 통한 생활의 적용이 용이한 것이어야 한다는 생각을 나타낸 것이다.

남명의 실용주의는 부사浮査 성여신成汝信(1546-1632) 등이 1568년 경남 산청군 단성면에 있는 단속사의 불상과 경판을 태운 일에 대해 한 말에서도 동일하게 드러난다. 그는 이들의 행동을 용서하면서도 "다만 경판은 아까운 점이 있다. 만약 가는 톱으로 잘라내어 글자를 만든다면 여러 서적을 인쇄할 수도 있을 것이다."라고 하며 이미 불에 타 버린 것을 애석하게 여겼다. 여기서 우리는 그가 무엇보다 경험적 실용주의를 강조하고 있음을 확인할 수 있다. 이러한 태도는 성호星湖 이익李瀷(1681-1763)을 비롯한 후대의 실학자들이 강조했던 실사구시實事求是, 이용후생利用厚生과도 맥을 같이 하는 것이어서, 학계 일각에서는 남명을 실학의 비조鼻祖라고 일컫기도 했다.

2. 인성의 강조와 개성 교육

남명은, 일상생활에서 가장 중요한 것은 인간이 올바른 인성을 갖추고 지켜야 할 기본적인 덕목을 실천하는 것이라 생각했다. 즉 어버이에게 공순하며 형제 간에 우애 있고, 이웃을 사랑하며, 어른에게 나아가고 물러나는 절도가 있어야 한다는 것이다. 이른바 쇄소응대灑掃應對와 진퇴지절進退之節에 대한 강조가 그것이다. 교육은 바른 인성을 바탕으로 이러한 생활의 기본을 가르치는 것이다. 이에 바탕하여 남명은 개인의 자질을 중시하여 그것을 계발할 수 있도록 지도하였고, 배운 것을 바르게 실천하여 사회와 국가에 이바지할 수 있도록 했다. 이것은 인성교육진흥법(2015년 1월 20일 제정)의 제정에서도 알 수 있듯이, 우리 시대 교육의 중요한 지침이 아닐 수 없다.

물 뿌려 마당 쓸고 : 남명은 성리性理를 고담高談하는 것보다 쇄소응대灑掃應對와 진퇴지절進退之節을 특별히 강조하였다.

1) 인성과 생활의 기본 덕목 강조

남명은 실생활과 동떨어진 고담준론이나 공리공담을 비판하고 생활의 기본이 되는 쇄소응대灑掃應對, 즉 '물 뿌리고 비질하는'

하학의 실천공부를 특별히 강조하였다. 이러한 실천공부의 근원이 바른 인성에 있음은 물론이다, 여기서 인성이란, 자신의 내면을 바르고 건전하게 가꾸고 타인·공동체·자연과 더불어 살아가는 데 필요한 인간다운 성품을 말한다. 이러한 덕목은 남명이 조선조 사림파의 전통을 계승하는 입장에 있었다는 것을 의미한다. 한훤당寒暄堂 김굉필金宏弼(1454-1504)이 인성에 바탕을 둔 『소학小學』을 특별히 중시한 것에서 바로 확인이 가능하다. 작자의 진위가 의심스럽기는 하나 남명이 지었다고 알려져 있는 국문가사인 「권선지로가勸善指路歌」에도 이와 유사한 대목이 나온다.

> 무엇이 나빠서 이 길을 모르는가
> 허령虛靈한 이 마음은 사람마다 두었나니
> 지성至誠으로 지켜서 공경恭敬을 가질 것이다
> 하늘에서 타고난 성性을 천착穿鑿하지 말라
> 어버이께 받은 몸을 훼상毁傷치 말고
> 일일삼성一日三省하는 것을 급무急務로 삼아라.

마음은 허령불매虛靈不昧, 신묘불측神妙不測하여 어느 하나로 고정되지 않는 불가사의한 것이다. 그렇다고 이러한 마음을 형이상학적 성리로만 논하려고 하지 말라고 한다. 하늘에서 타고난 성性을 천착하지 말고 그 허령한 마음을 지닌 채 일상적이고 하학적인 생활 속에서 실천을 하라고 했다. 즉 증자曾子가 날마다 자신의 몸을 세 번 돌아보았듯이, 스스로를 성찰하며 인간이 반드시 지녀야 할 기본적인 덕목을 실천해 나가라는 것이다. 이것은 인간이 지닌 덕목을 적극적이면서도 능동적으로 이해하고 실천한다는 측면에서 그 근원에는 올바른 인성이 존재한다는 것을 알게 한다.

이렇게 보면 그가 생각한 공부란 마당에 물 뿌리고 비질을 하는 법에서부터 어른께 나아가고 물러나는 데 절도가 있고, 어버이를 사랑하고 이웃 어른을 공경할 줄 알며, 스승을 모시고 벗을 사귀는 등 생활의 기본적인 실천 덕목에서 출발하는 것이다. 그런 다음에 점차 배움을 넓혀 하늘의 이치를 터득하고 우주 생물의 마음을 촉발시키는 하늘의 덕[天德], 사람으로서 지녀야 할 덕[達德]으로 나아가야 한다고 했다. 만약 여기에 힘쓰지 않고 성리의 오묘한 이치를 궁구하는 이른바 상학으로 곧바로 나아간다면, 그 배움은 두 발 없이 공중에 서 있는 것과 같은 공허한 학문이 되고 만다는 것이다.

남명의 이러한 주장은 오늘날에도 유효하다. 하루가 멀다 하고 들리는 소리들, 가령 거리나 학교에서 노인이 젊은이에게, 교사가 학생에게 폭행을 당했다거나, 가정에서 자식이 부모를 폭행 혹은 살인했다거나 하는 일들이 비일비재하다. 현실이 이러함에도 정작 가정에서는 부모가 자식이 올바른 인격을 지닌 사람으로 성장하기보다는 남에게 뒤처지지 않는 사람만 되기를 바라며, 학교에서는 인성교육보다는 단순한 지식 전달에 급급하다.

왜 이렇게 되었을까? 모두가 생활의 기본을 지키지 않은 탓이다. 예의와 윤리보다는 자기의 이익과 편리함을 우선시 하기 때문이다. 이러한 사람들의 세상에서 과연 무엇을 기대할 수 있을까? 진정 생활의 기본이 서야 인간답게 사는 사회가 이루어질 수 있음을 알아야 한다.

2) 자질에 따른 개성 중시

남명은 "사람을 가르칠 때 반드시 자품을 보고 그에 따라 격려하였으며, 책을 펼쳐 놓고 강론하려 하지 않았다."라고 하였다. 이 같은 생각은 교육에서 학습자를 중심에 두었기 때문에 가능한 것이다. 남명이 배우는 사람의 자질에 따라 교육을 하려고 했던 것은 다음과 같은 일화에서 잘 드러난다.

약포藥圃 정탁鄭琢(1526-1605) : 임진왜란 때 이순신·곽재우 등을 발탁했다. 예천의 도정서원道正書院에 제향되었다.

약포藥圃 정탁鄭琢(1526-1605)은 재주가 뛰어나고 성격이 활달하여 웬만한 사람은 그와 상대가 되지 않았다. 그런 그가 공부를 마치고 집으로 돌아가려 할 때, 남명은 자신의 집에 소 한 마리가 있으니 타고 가라고 하였다. 이상히 여긴 약포가 그 까닭을 물으니, "공

은 말을 너무 잘 한다. 타고난 기백이 날렵하다. 그건 좋은 일이
긴 하나 공은 지나치다. 지나친 것은 더디고 굼뜬 것만 못하다."
라고 하였다. 남명은 너무 성급히 서두르는 그의 성격을 염려해
서 소처럼 신중하고 참을성을 기르라는 의미에서 했던 말이었다.
뒷날 정탁은 이렇게 말했다.

> …선생께서는 사람으로서 지켜야 할 도리를 지켜서 절벽같이 곧
> 게 섰다. 또한 세상 이치를 깊이 이해하고 계셨다. 나아가는 일과
> 물러서는 것 또한 빈틈이 없었다. 모든 일을 의로써 행하고 시작에
> 서부터 끝까지 의지가 굳어 결코 중간에 흐트러지는 일이 없었다.

한편 남명은 온순한 성격의 소유자였던 동강 김우옹에게는 굳
건한 기상을 기를 것을 당부했다.

> 침잠沈潛한 사람은 모름지기 강하게 일을 해야 한다. 천지의 기氣
> 가 강剛하기 때문에 어떤 물건인가를 논하지 않고 일이 모두 투과
> 透過한다. 공은 역량이 낮고 얇으니 모름지기 아랫사람으로 일당백
> 一當百으로 공부해야 겨우 될 만하다.

김우옹은 이러한 스승 남명의 가르침을 늘 새기면서 굳은 의
지와 마음을 닦는 일에 힘써 뒷날 과거에 합격하여 벼슬길에 나
아가 이조참판 등을 역임했다. 이렇게 남명은 제자들의 성격과
자질을 파악하고 이에 따라 교육함으로써 자신의 능력을 최대한
발휘할 수 있도록 했다.

3) 국가에 복무하는 개인

　남명은 배운 것을 실천하는 지행합일知行合一을 강조했다. 특히 위정자들을 비롯한 지식인들에게는 배움과 실천을 함께 해나가야 되는 솔선수범의 자세를 중시하였다. 정치를 담당했던 조정의 대신들과 관료들이 배움과 행동이 다른 삶의 결과가 국정의 혼란을 초래하고, 백성들의 삶은 곤궁하고 피폐해졌으며, 임진왜란과 같은 국난을 겪어야 했던 것이다.

　오늘날에도 사정은 마찬가지이다. 정치인들의 비리와 불법은 사회적 공분을 자아내고, 대학교수를 비롯한 지식인들의 비리와 탈선이 도를 넘어 지탄의 대상이 되고 있다. 공인으로서의 책임의식과 자긍심은 지역 사회와 국가를 지탱하는 바탕이자 동력인데도 불구하고 이것이 없으니 자멸은 당연한 것이다. 병자호란의 수모나 36년간의 일제 식민지 통치도 사회와 국가를 지탱하는 구심점을 상실한 결과였다. 정치인이나 지식인뿐만 아니라, 국민 모두가 스스로 주인이라는 책임의식과 자긍심을 가지고 자신이 몸담고 있는 지역과 국가를 위해 봉사하고 헌신해야 한다. 그래야 공동체의식도 공고해지고 인간다운 사회의 발전도 기약할 수 있을 것이다.

　임진왜란이라는 국가적 위기가 도래한 것은 위정자들의 잘못이 크지만, 그것을 극복하는 데는 당시의 지식인이었던 선비들의 노력 또한 부정할 수 없다. 선비들은 국가의 위기에 목숨을 아끼

망우당忘憂堂 곽재우郭再祐(1552-1617)

송암松庵 김면金沔(1541-1593)

내암來庵 정인홍鄭仁弘(1535-1623)

대소헌大笑軒 조종도趙宗道(1537-1597)

임진왜란 때 남명의 문하에서 50여 명의 의병장이 배출되었다.

지 않고 왜적과 싸웠다. 남명 문하에서 50여 명의 의병장이 배출
된 것도 배운 것을 실천한 결과였다. 망우당忘憂堂 곽재우郭再祐
(1552-1617), 송암松庵 김면金沔(1541-1593), 내암來庵 정인홍鄭仁弘
(1535-1623), 대소헌大笑軒 조종도趙宗道(1537-1597)를 비롯한 많은 의

병장들은 글 읽는 선비였다. 글 읽는 선비들이 왜적에게 백성이 도륙 당하는 것을 보고만 있을 수 없어 목숨을 아끼지 않고 싸움에 앞장섰다. 그러자 일반 백성들도 선비들과 함께 전쟁터로 나갔던 것이다. 사회적 재난이나 국가의 위기에 정치인을 비롯한 지도층 인사들이 생명의 위험을 무릅쓰고 앞장서서 노력할 때 재난과 위기는 극복된다. 그것은 배운 것을 실천하려는 지행합일의 태도와 자기가 몸담고 있는 지역과 국가의 주인이라는 자각에서 시작된다.

3. 민본사상에 입각한 관료사회의 혁신

남명은 백성이 나라의 근본이자 주인이라 생각했다. 이러한 생각을 바탕으로 그는 백성들의 곤궁한 삶에 대해 깊이 인식하면서 관료사회의 혁신을 부르짖고 나섰던 것이다. 당시 각종 세금과 부역으로 인해 백성들은 생활 터전을 잃었고, 관료사회는 이에 대한 근본적인 개혁과 혁신을 이룩하지 못했다. 남명은 국가 혁신을 위해 가장 중요한 것이 '용인用人', 즉 관리를 선발하고 등용하는 일이라고 생각했다. 이를 위하여 국정 책임자는 '거울' 같은 마음으로 균형감각을 갖고 사람을 판단할 수 있는 '저울'이 필요하다고 했다. 여기에는 물론 사욕을 없애는 자기성찰과 이를 바탕으로 정의를 구현하고자 하는 실천정신이 뒤따라야 한다. 이러한 남명의 생각은 우리 시대를 위한 것이라 해도 과언이 아니다.

남명이 단성현감丹城縣監을 사직하며 명종께 올린 상소문 : 「단성현감사직소」로 남명기념
관 경내에 있다.

1) 나라의 근본은 백성

남명은 백성이 나라의 근본이라는 민본사상을 강조했다. 이러
한 점이 가장 잘 드러나는 것이 「민암부民巖賦」이다.

백성이 물과 같다는 것은	民猶水也,
예부터 있어 온 말이라네.	古有說也.
백성은 임금을 받들기도 하지만,	民則戴君,
나라를 뒤엎기도 한다네.	民則覆國.

남명은 백성을 물에 비유하여 이들이 역사를 이끌어나가는 주
체적 세력임을 지적한다. 즉 백성은 물과 같기에 배로 비유되는

"임금을 받들기도 하지만 나라를 뒤엎을" 수도 있다는 것이다. 이러한 역성의 논리는 이미 『맹자』에서 보인다. 민이 떠난 군은 더 이상 군일 수 없듯이 민의 고통을 외면하는 군은 민심이 떠나기 마련이다. "걸주가 탕무에게 망한 것이 아니고, 백성의 마음을 얻지 못하였기 때문"이라고 한 것은 이를 말한 셈이다. 그러니 민의 고통이 하늘에 닿아 하늘은 명을 군에서 민으로 옮겨 민이 이 천명을 받아 군을 전복할 수 있다는 논리가 성립하는 것이다. 이러한 민본사상은 민이 곧 천天이라는 동양 전통의 사상에 뿌리를 두고 있다.

물이 배를 띄우기도 하고 뒤엎기도 하듯이 백성은 임금을 받들기도 하고 뒤엎기도 한다.

그러니 임금은 백성을 두려워해야 한다. 자신의 내적 수양을 게을리 하지 않으면서 정치를 바르게 하여 백성의 삶이 경제적으로 풍요롭게 함으로써 백성들로부터 원망의 소리가 나오지 않도록 해야 한다는 것이다. 물이 배를 뒤엎듯이 권신들이 권력을 농간하는 정치현실이 바로잡혀 백성들의 삶이 편안하기를 기원하는 남명의 간절한 마음이 이러한 민본사상으로 드러난 것이라 하겠다.

2) 부조리 척결과 관료사회의 혁신

남명은 공물을 관장하는 지방 서리들의 횡포와 관료사회의 적폐에 대해 강력하게 비판하고, 그것을 척결하여 혁신할 것을 강조했다. 이러한 생각은 1568년 2월에 선조에게 올린 「무진봉사戊辰封事」에 잘 나타난다. 여기에서 그는 중앙과 지방의 각 관아에서 하급 행정과 경찰, 군사 업무 등을 담당하는 서리들이 백성들의 생활현장에서 공물과 부세로 자신의 사리사욕만을 채우고 있으니, 나라가 대단히 위급하다고 했다. 사정이 이러함에도 불구하고 서리들은 "우매하게 자신의 위험을 무릅쓰고 나라를 위해 일하지도 않으면서 걱정스러운 세상을 즐거운 듯 살아간다."라고 하면서 관리들을 태만을 통렬히 비판하고 있다.

이처럼 남명은 관리들의 수탈을 심각하게 인식하면서, 서리가 도둑이 되어 나라의 심장부를 차지하고 앉아 국맥을 결단낸다고 하면서 '서리망국론胥吏亡國論'을 제기하였다. 더 나아가 이들 서리들을 규찰하고 심문하여 죄를 논하고 그 예방을 해야 할 사헌부나 형조 등 조정의 대신들조차도 이들과 결탁하여 민중을 가

렴주구하는 데 앞장서고 있다고 비판하고 있다. 남명은 이러한 무사안일에 빠져 있는 관리들 때문에 결국 이 같은 위기상황에 이르렀다고 진단하였던 것이다. 따라서 남명은 정치가 민중이 생활하고 있는 현실을 떠나 추상적으로 존재하는 것이 아니며, 임금은 현실 속에서 선악과 시비를 분명히 가리고 이에 근거하여 정치를 올바로 행해야 한다고 했다. 이처럼 남명은 백성들의 삶과 생활에 밀착해서 행정을 보아야 될 관리들의 문제를 지적하면서 관리사회의 혁신을 강력하게 주장하였다.

다산茶山 정약용丁若鏞도 관료사회의 적폐를 지적하면서 "지방 수령들의 착취와 횡포가 근절되지 않는 것은 수령이 중앙의 권력자와 작당하여 이익을 나누게 된 까닭이다."라고 했다. 왕실의 훈척이나 조정의 권력자들이 민중을 착취하는 지방 수령들의 악폐에 대해 근본적인 개선책은 내놓지 않고 적당하게 눈감아주며 윤리강령이나 바로잡아야 한다는 추상적인 이론만 내세우고 있는 당시의 현실을 비판한 것이다. 그래서 간리奸吏의 척결과 관료사회의 혁신을 위해서는 임금을 비롯한 위정자들이 민중들이 몸담고 있는 현실을 직시하고 자기의 직분에 충실할 것을 강조했다.

또한 다산은 목민관이 모든 면에서 모범이 되어야 한다고 했다. 나라에서 주는 녹봉 외에는 한 푼도 백성의 돈을 받아서는 안 되며, 일을 처리할 때에는 공과 사를 분명히 구분할 것을 강조했다. 목민관은 행정에 임하기에 앞서 몸가짐부터 바르게 해야 하고, 한 번 부정을 저지르게 되면 수령 노릇을 할 수 없게 해야

다산茶山 정약용丁若鏞(1762-1836)과 『목민심서牧民心書』 : 다산 정약용은 『목민심서』를 통해 치민治民에 대한 도리道理를 논술하였다.

한다고 했다. 즉 위정자들이 몸가짐을 바르게 하고 자기의 직분에 충실하면 관료사회의 부정과 폐단은 자연스럽게 사라지게 되고, 백성들의 삶도 나아질 것이라 여겼다.

4. 자주의식과 구국활동

남명은 왜구의 침략을 심각하게 인식하면서 제자들에게 문무를 겸전하도록 가르쳤다. 여기에 강력한 자주의식과 구국활동이 개재될 수 있었다. 그는 일개의 처사였지만, 제자들에게 병서兵書와 진법陣法을 익히게 하여 국가적 위기에 대응할 수 있게 했다. 남명이 이러한 생각을 할 수 있었던 것은 김해에서 18년 동안 생활할 때 왜구의 침략에 백성들이 당하는 고통을 직접 목도하였

기 때문일 것이다. 따라서 왜구의 침략에 대비해 평소 국방을 강
화하고 왜적이 침입하면 지형과 지세를 슬기롭게 이용하여 물리
칠 방책을 강구해야 한다고 했다. 이러한 남명의 구국정신과 문
무겸전의 정신은 남명 사후 20년 뒤에 일어났던 임진왜란 당시
그의 문하에서 50여 명의 의병장이 배출되는 배경이 되었다.

김해 신산서원新山書院 : 남명은 김해에서 18년 동안 생활을 하면서 해안에 출몰하는 왜구
를 자주 목격하였다. 이 때문에 제자들에게 문무를 겸하도록 가르칠 수 있었고 임진왜란
당시 그의 문하에서 50여 명의 의병장이 배출될 수 있었다.

1) 왜의 침략에 대한 경계

남명은 김해에 18년 가까이 살면서 우리 남쪽 해안을 노략질
하는 왜구들의 만행을 듣고 보았다. 이에 왜적의 침략을 걱정하

「부산진순절도釜山鎭殉節圖」: 조선 후기의
화가 변박이 임진왜란 당시 부산진성釜山
鎭城에서 벌어진 전투를 그린 기록화이다.
보물 제391호에 지정되어 있다.

고 대비책을 강구할 것을 촉구했다. 이 때문에 「을묘사직소」에서 을묘왜변이 일어난 것을 "오래 전에 이미 일어났을 일로, 하루아침에 생긴 변고가 아니다."라고 했다. 왜구들의 침략이 빈번함에도 대비책을 강구하지 못한 결과라는 것이다. 당시의 조정은 매관매직과 문정왕후의 정치 간섭, 외척의 전횡 등으로 내정이 문란하였고, 관리들이 부패하여 민심은 흩어졌다. 이러한 상황이니 "장수 중에는 적합한 인물이 없고, 성城에는 군졸이 없어 왜적이 무인지경無人之境으로 들어오듯 침입

하였으니, 어찌 그것이 괴이한 일이겠습니까?"라고 했던 것이다.

이를 바로 잡기 위해서는 무엇보다 국정의 최고 책임자인 임금이 몸과 마음을 닦아 모범을 보이되, 올바른 사람을 등용하여 행정을 쇄신하면 백성 또한 새롭게 변화시킬 수 있다고 했다. 이러한 남명의 간절한 호소에도 불구하고 당시 임금과 대신들은 귀를 기울이지 않아, 남명 사후 20년 만에 치욕적인 임진왜란을 겪어야 했다.

왜구 침략에 대한 걱정은 남명이 1558년 지리산 쌍계사 방면을 유람하고서 쓴 「유두류록」에서도 잘 드러난다. 남명은 하동군 악양면에서 적량면으로 넘어오는 삼가식현이라는 고개에 올라

남해를 조망하면서 왜적의 침입을 걱정했다.

> 우리나라는 산하의 견고함이 위魏나라가 보배로 여기는 것보다
> 훨씬 견고하여, 만경창파의 너른 바다에 임해 있고 백치百雉의 높
> 은 성곽에 의거해 있다. 그런데도 오히려 하찮은 섬 오랑캐들 때문
> 에 거듭 백성들이 곤경에 빠지니, 어찌 그 옛날 길쌈하는 실이 적
> 은 것은 돌아보지 않고 주나라 왕실이 망할 것을 근심한 과부와
> 같은 걱정을 하지 않겠는가.

남명은 강과 바다, 산이 얽혀 있는 해안의 지형지세를 잘 활용하
면 왜적이 침입할 수 없는 보장保障의 형세를 구축할 수 있다고 생
각했다. 우리 스스로가 주인이 되어 우리 국토산하가 지닌 유리한
지점들을 활용하면서 지켜나가지 않으면 안 된다고 생각했던 것이
다. 여기서 우리는 남명의 자주의식을 발견할 수 있다. 사정이 이러
함에도 불구하고 섬 오랑캐들 때문에 백성들이 곤경에 빠져있으니,
스스로 이를 타개하기 위한 고민을 하지 않을 수 없었던 것이다.

2) 남명학파의 구국활동

남명 문하에서 영남의 3대 의병장인 곽재우, 김면, 정인홍을 비
롯한 50여 명의 의병장이 배출된 것은 일찍이 남명이 왜적의 침략
을 걱정하고 대비를 강조한 덕분이다. 남명의 학문 경향은 당시의
성리학 일변도에서 벗어나 노장과 산술, 천문, 의학, 병법 등에 이
르기까지 다양한 분야를 포괄하고 있다. 특히 무예와 병법을 강조

한 것은 왜적의 침략에 대비하려는 의도가 있었음을 알 수 있으며 이로 인해 남명의 문하에서 수많은 의병장이 배출될 수 있었다.

정암鼎巖(솥바위) : 정암(경상남도 의령군 의령읍 정암리 남강 가운데에 있는 큰 바위)은 임진왜란 때 곽재우가 정암진전투를 승리로 이끌었던 곳이다.

남명 문하에서 배출된 의병장들의 활동은 관군의 패주와 조정의 몽진으로 흩어진 민심을 수습하여 반격의 계기를 만들었고, 일본군의 보급로를 차단하여 임진왜란을 종식시키는 결정적 역할을 하였다. 특히 임란 초기 곽재우가 이끈 의병들의 활약이 두드러졌다. 곽재우는 정암진전투를 승리로 이끌고 현풍, 창녕 일대에서도 잇달아 왜군을 격파하여 경상우도의 왜군 진행로를 차단하는 성과를 올렸다. 또 1592년 10월에는 제1차 진주성전투에 참전하여 진주성 외곽에서 진주성 군민들의 사기를 높이고 왜군을 교란시키는 작전을 수행함으로써 승리에 일조하였다.

남명 문하의 의병들은 정규군 이상으로 전열을 가다듬고 전략을 세워 왜적을 무찔렀다. 흔히 의병은 의기로만 싸워 사실상 헛된 희생을 겪는 일이 많았지만 남명의 문하생이 이끄는 의병은 최소의 희생으로 최대의 전과를 올릴 수 있었다. 그 이유는 의병 장들이 문사이면서도 남명으로부터 무예와 병법을 배워 익히 알고 있었기 때문이었다.

남명 문하의 주요 의병장은, 곽재우郭再祐, 김면金沔, 정인홍鄭仁弘, 탁계濯溪 전치원全致遠, 예곡禮谷 곽율郭赳, 조종도趙宗道, 송암松巖 이로李魯, 매와梅窩 노순盧錞, 모촌茅邨 이정李瀞, 설학雪壑 이대기李大期, 환성재喚醒齋 하락河洛, 죽유竹牖 오운吳澐, 팔계八溪 이욱李郁, 약포藥圃 정탁鄭琢, 권세륜權世倫, 김홍미金弘微, 백암白巖 김대명金大鳴, 이재頤齋 강희姜熺, 창애蒼涯 박이현朴而絢, 원당源堂 권제權濟, 정곡汀谷 배형원裵亨遠, 청천晴川 권심權深, 대암大庵 박성朴惺, 만수당萬樹堂 박인량朴寅亮, 금월헌琴月軒 정인함鄭仁菡, 월와月窩 진극원陳克元, 경모재敬慕齋 조의민曺義民, 월정月汀 배명원裵明遠, 병은病隱 도경효都敬孝, 청휘당晴暉堂 이승李承, 오월당梧月堂 이유성李惟誠, 화헌和軒 이종욱李宗郁, 토천兎川 이현우李賢佑, 모헌暮軒 하혼河渾, 문중文仲 최흥호崔興虎, 모산茅山 최기필崔琦弼, 매헌梅軒 최여계崔汝契 등 모두 50여 명에 이른다.

제2장
현대사회의 위기와 남명학의 가치

우리가 발을 딛고 있는 현대사회는 지금 위기의 국면을 넘어 몰락기에 접어들었다고 해도 과언이 아니다. 과학기술문명이 주도하는 현대사회는 생태계의 파괴로 인한 환경문제, 인간관계의 악화와 인간정신의 형해화形骸化, 탈취에 의한 자본 축적을 가능하게 하는 서구식의 금융자본의 횡포 등으로 인해 파산 직전에 이르렀다. 서구의 현대사회를 따라잡기 위해 압축 성장을 이룩한 한국 사회는 현대사회의 모순과 폐해 또한 집약적으로 보여주고 있다. 이에 따라 한국인은 가치관의 방향을 잡지 못한 채 표류하고, 한국 사회는 인성의 파괴가 만연해지면서 공존의식의 부재, 불신과 경쟁이 가속화되어 사회 공동체가 붕괴되기에 이르렀다. 이제 전통 속으로 돌아가 현재 한국 사회의 야만적인 모습을 반성하면서 인간다운 삶의 가치 추구와 행복한 사회 공동체 구현을 모색할 때이다. 그 모색의 방법 중에 하나가 남명 조식이다.

『남명집南冥集』: 『남명집』은 계통별로는, 선조 37년(1604, 갑진년) 이후에 간행된 판본을 수정, 보완한 갑진본甲辰本 계통과 인조반정 이후 갑진본 계통에 반영된 조식의 주요 문인 정인홍 및 광해군 시기 대북 정권의 자취를 제거하고자 한 이정본釐正本 계통, 그리고 이정본 계통 판본을 보다 철저히 개정하여 『남명집』의 면모를 근본적으로 혁신코자 한 중간본重刊本 계통으로 크게 구분할 수 있다.

남명은 자기 성찰을 통한 인격수양과 함께 생활의 실천, 사회적 실천을 강조하면서 정의롭고 인간다운 사회를 만드는 길에 솔선수범하였다. 결국 남명학의 궁극적인 목표는 자기완성에 있다. 자기완성이란 남과 더불어 사는 인간이 되는 것이고, 행복한 사회 공동체를 건설하는 것이다. 이러한 남명학을 21세기의 살아 있는 전통으로 복원해야만 다가올 새로운 미래의 올바른 방향 설정과 건강한 사회 공동체 구축을 모색해 볼 수 있을 것이다.

1. 현대사회와 과학기술문명의 명암

우리는 과학기술의 발전을 통해 이룩한 물질적으로 풍요로운 시대에 살고 있다. 이러한 풍요로움은 자연으로부터의 위협을 극복하고자 하는 인간 이성의 욕망이 반영된 것이다. 그 욕망이 과학과 기술을 발전시키는 힘의 원천이 되었다. 그러나 현재 우리는 과학기술문명 속에 인간의 자유와 영혼의 순수한 숨결이 사라지고, 인간이 목적이 아닌 단순한 수단으로 전락하고 마는 주객전도의 위기에 봉착해 있다. 현대 사회의 인간성 상실과 야만성의 증가로 인해 크고 작은 모든 공동체가 붕괴되고 있는 실정이다. 따라서 이제는 진정으로 인간의 행복한 삶을 직시하면서 공동체를 회복할 수 있는 방향으로 나아가야 한다.

1) 현대사회와 과학기술문명의 탄생

현대사회는 '과학기술'이 모든 것을 주도하는 시대이다. 사전적 의미에서 과학이란 사물의 현상에 대하여 확고한 경험적 사실을 토대로 하여 보편적인 원리 및 객관적인 법칙을 알아내고 해명하는 것을 목적으로 하는 지식의 체계를 가리킨다. 한편 기술이란 그 과학적인 원리나 지식을 바탕으로 자연의 대상에 적용하여 인간의 생활에 유용하도록 만드는 실제적이고 구체적인 수단을 가리킨다.

'나는 사유한다. 고로 존재한다.'라고 선언하여 세상의 중심축을 신에서 인간의 사유로 옮긴 데카르트

데카르트(1596–1650) : 프랑스의 철학자·수학자·물리학자. 근대철학의 아버지로 불린다.

와 더불어 서구 근대 철학의 아버지라 불리는 영국의 베이컨 Francis Bacon(1561-1626)은 '아는 것이 힘이다.'라는 근대의 명언을 남겼다. 여기에서 아는 것이란 그 시대를 지배했던 신에 대한 앎이 아니라 바로 인간을 둘러싸고 있는 자연을 극복할 과학적 지식에 대한 앎을 가리키는 말이고, 힘이란 이러한 과학적 지식을 바탕으로 자연을 변화시킬 수 있는 실생활의 실제적인 기술을 가리키는 말과 다르지 않다.

과학과 기술에 대한 인간 인식의 혁명적인 변화는 14-16세기에 이탈리아에서 시작되어 전 유럽으로 확산되었던 르네상스 시대로부터 기인한다. 근대화의 시원이 되었던 르네상스 시대는 일반 사람들, 특히 상인들이 기독교의 속박으로부터 점차 벗어나고 귀족과 성직자의 지배로부터 점차 자유로워지면서 신에 대한 관심보다 인간 자신의 발견과 자연에 대한 관심, 개인과 개성의 해방에 대한 관심을 증폭시킨 때였다. 이로 인해 사물의 현상에 대한 객관적이고 보편적인 법칙의 지적 체계인 과학과 그 지적 체계를 인간들의 삶에 실제적으로 응용할 수 있는 기술에 대한 중요성이 강조되었다. 그야말로 과학기술은 새롭게 도래할 현대 사회의 시대적 등불이 되었다.

이러한 현대 사회의 막을 본격적으로 열었던 것이 바로 18세기 후반부터 영국에서 시작되어 전 유럽으로 확산된 산업혁명이다. 과학적 지식의 축적과 기술의 발전, 즉 오랫동안 무관심했던 과학과 기술의 절묘한 만남으로 인해 촉발된 산업혁명은 전 인

산업혁명시대의 증기기관차 : 증기기관에서 발전기로 이어진 에너지 기술은 인류에게 엄청난 충격을 가져다주었다.

류의 역사에서 통틀어서 그 파급력이 지속적이며 절대적이었기에 혁명이란 명칭을 부여했던 것이다.

산업혁명 시대에 증기기관에서 시작되어 발전기로 이어진 에너지 기술은 인류에게 엄청난 반향과 충격을 가져다주었다. 기관차에 대한 인간의 환호는 지금 사람들이 우주선에 대해 보내는 환호와 마찬가지였을 것이고, 전깃불과 발전기를 보고는 심봉사가 눈을 뜬 것과 같은 천지개벽의 상황을 느꼈을 것이다.

과학기술의 힘으로 인해 자연에 대한 인간의 막연한 공포와 두려움은 사라졌고, 자연은 더 이상 인간의 힘으로 파악 불가능한 위대한 것이 아니라 인간의 힘으로 제어하고 조작할 수 있는 인위적인 대상이 되었다. 이처럼 산업혁명 시기에는 새로운 과학 지식과 결부된 기술 혁신을 가속화시켰으며, 새로운 산업기술은 인간이 자연을 지배할 수 있는 무한한 힘을 부여하였다. 바로 인간의 무한한 힘이 세상을 지배하는 중심이 되었던 것이다.

산업혁명으로 인해 유럽에 산업화가 급속하게 진행되는 동시에 그 산업시스템에 맞춰 자유로운 경제활동에 대한 보장, 비합리적인 사회제도나 관행에 대한 비판, 사회 참여의 점진적 보장 요구 등, 정치·경제·사회·문화적인 방면에서 대변화를 불러일으켰다. 사회, 경제의 중심이 농촌에서 도시로 이동하였고, 도시에서 상업이나 전문직에 종사했던 중산층 사람, 즉 부르주아지들은 새롭게 정치적, 경제적 힘을 획득하게 되었다.

1789년 프랑스혁명 : 프랑스혁명은 프랑스의 사회·정치·사법·종교적 구조를 크게 바꾸어 놓았다.

산업혁명의 와중에 일어난 1789년 프랑스혁명을 필두로 한 유럽 부르주아 혁명의 성공을 통해 부르주아들은 중세의 기득권을 독점했던 교회와 귀족들을 타도하고 그 권력을 장악하였다. 부르주아들은 기득권층이 몰락한 이후에 자본가라는 이름으로 등장해 산업혁명 시대를 지배하는 새로운 계급이 되었다. 그들은 과학적 지식을 신봉하였고 그 지식을 기술적으로 활용하는 데 전혀 거리낌이 없었다. 이들이 주도한 기계를 통한 대량 생산과 이에 따른 시장의 확대 및 제국주의적 침탈은 본격적인 현대 자본주의 시대를 여는 데 기여했다.

산업혁명 이전에는 유럽 국가들과 중국과 한국 등의 아시아 국가들 사이에는 근본적인 과학과 기술의 차이, 근본적인 사회구조적 차이가 존재하지 않았다. 하지만 산업혁명을 통해 발전한 유럽의 서구 세계는 다른 대륙의 여러 나라들과 과학기술과 산업적인 격차, 사회구조적인 차이를 급격하게 벌려 놓았다. 나아가 서구는 문명, 비서구는 야만이라는 이분법적인 서구 중심의 슬로건을 걸고 시장 확대를 위한 침략전쟁을 감행한 제국주의시기를 거치면서 그 격차는 쉽게 따라잡기 힘들 정도로 고착화되었고, 지금까지 그 추세를 이어가고 있다. 이처럼 산업혁명을 통해 이룩한 현대사회는 과학과 기술이 주도하는 문명으로 자연으로부터의 위협을 극복하고자 하는 인간 이성의 무한한 욕망이 반영된 것이다.

2) 과학기술문명과 현대사회의 건설

격변의 산업혁명 시대를 거친 20세기 현대 과학기술은 상상을 초월할 정도로 발전하여 인간 삶의 물질적 진보는 물론 정치, 경제, 사회, 문화 등의 모든 방면에서 커다란 변화를 불러왔다. 과학기술은 현대의 도래를 위한 물질적 토대를 마련해 주었고, 봉건적인 농촌 중심의 사회에서 산업화된 도시 중심의 사회로 탈바꿈하는 데 기여했다. 산업혁명 이전에 겪었던 가난과 전염병, 자연재해, 인간의 부자유와 불평등 등의 여러 사회 문제들을 과학기술문명이 어느 정도 해결하면서, 이것이야말로 인간의 욕망이 실현되는 현대 사회를 건설하는 데 나침반이 되었다.

이처럼 서구의 과학기술문명은 이전의 어떤 문명에서도 불가능하였던 자연에 대한 인간의 지배 욕망을 충족시킬 수 있었고 일상적 삶을 풍족하게 영위하고자 하는 욕구 또한 실현시켜 주었다. 이전의 어떤 문명도 도달하지 못했던 신기원으로 인해 서구 현대에 뒤처진 동아시아국가 및 제3세계 국가들의 목표는 자국의 현대화를 하루라도 빨리 달성하는 것이 되었다.

과학과 기술의 혁명적인 발전으로 인해 현대사회에 진입한 사람들의 삶은 안락해졌고 편리해졌다. 산업혁명 시기에 개발된 자동차, 기차, 비행기 등 교통수단은 20세기에 이르러 전 세계를 일일생활권으로 묶어내는 기적을 이루었고, 전기를 비롯한 에너지 과학은 원자핵을 쪼개어서 전기를 공급하는 원자력 기술로 발전하였다. 공장과 가정생활에서의 힘든 노동은 자동화된 기계가 대신하면서 노동력의 부담이 줄어들었다. 또한 로켓을 만들어서 우주를 마음대로 갈 수 있으며, 빛의 속도로 발전하는 통신기술은 전 세계에 사는 사람과 손가락에 아래에 놓인 자판 하나로 실시간으로 소통하게 만들었다. 나아가 녹색혁명이라는 농업과학기술의 획기적인 발전은 엄청난 식량의 대량 생산을 가능하게 하였고, 전염병과 결핵, 소아마비를 항생제와 간단한 백신으로 완전히 퇴치하였던 의료과학은 이미 동물을 복제하고 인간 유전자의 비밀을 밝히며 장기 이식을 가능하게 하여 인간의 평균 수명을 불과 백년 사이에 두 배 가까이 연장시켰다.

인간의 힘든 노동과 모든 고통마저도 기계가 대신할 수 있을 것이라는 현대사회 초창기에 지녔던 믿음은 곧 실현될 것이라는 환상을 가질 정도로 오늘날 과학기술의 힘은 위대해졌다. 과학기술의 한계는 어디일까라는 질문이 무색할 정도로 과학기술은 무한히 확장하고 있다.

과학기술문명의 성과는 사람들에게 인간의 생활을 풍족하게 했다는 물질적인 혜택 이외에 인간을 둘러싼 세계의 모습을 과학적인 인식으로 완전히 설명할 수 있다는 드높은 자신감을 심어주기도 했다. 세계는 신의 피조물이 아니라 인간의 과학적 인식에 의해 온전히 파악할 수 있는 대상이라는 것이다. 따라서 인간은 세계의 주인으로 등극하여 자신들의 욕망과 의지에 따라 세계의 질서를 재편하고, 인간 생활에 편리하도록 자연의 모습을 변형시키기에 이르렀다. 즉 세계관의 대전환이 이루어진 것이다.

이처럼 서구의 현대사회가 다른 국가들보다 훨씬 우위에 서게 된 요인은 바로 과학기술의 힘이고, 그 과학기술의 힘을 촉진시킬 수 있었던 것은 서구의 세계관과 사회제도였다. 서구의 현대는 인간을 둘러싸고 있던 복잡한 세계를 신의 의지로 해석하던 것에서 벗어나 과학적으로 설명하고자 했던 것이다. 이러한 인식의 전환은 세계를 완전히 해석하고 이해할 수 있다는 희망을 불러 일으켰다.

따라서 세상에서 과학적으로 설명할 수 없는 것은 모두 진실하지 못한 야만적인 것이고 비문명적인 것이며 비합리적 것이고 비학문적인 것이라는 누명을 쓸 수밖에 없었다. 인간의 다양한 성찰을 통해 인간다운 삶과 살기 좋은 세상을 만들기 위해 고민하는 인문학에도 과학 이름을 덧붙여 '인문과학'이라는 명칭을 부여하며 과학적 설명을 요구하였다.

지금 우리는 과학적 지식의 축적과 기술의 발전을 통해 이룩한 풍요로운 현대에 살아가고 있다. 과학기술은 사람들로 하여금 이전 시기와 달리 더욱더 이성적인 판단을 하게 하였을 뿐만 아니라 현대 사회 제도의 합리화를 증진시키는 과정에 도움을 주었다. 또 사회적 생산력은 비약적으로 증대되어 수많은 상품을 공장에서 뚝딱 만들어내고, 소비력도 높아져서 상품을 마음껏 구매하였다가 쉽게 버릴 수 있는 자유를 선사하기도 했다. 심지어는 '나는 소비한다. 고로 존재한다.'라고 할 정도로 상품소비가 인간 생활을 규정하는 데까지 이르렀다. 이 모든 것들이 과학기술의 혜택이다. 이제 현대인들은 과학기술이 주는 혜택 없이는 하루하루의 생존조차 힘든 상태에 이르렀다.

대다수의 현대인들은 미래에 펼쳐질 과학과 기술의 힘을 막연하게나마 긍정하고 있다. 지구촌 여행을 넘어 미지의 우주로 여행을 떠나고, 많은 질병들이 퇴치되어 인간의 고통이 해소되면서 건강을 유지하며 더 오래 살게 될 것이고, 인간의 삶이 더욱 쾌적해질 것이라는 막연한 믿음이다. 현재처럼 과학기술이 계속 발전한다면, 인간복제를 넘어 진시황제가 꿈꾸었던 불로장생의 무한한 인간 욕망이 실현될 시대가 언젠가는 오게 될 것이고, SF영화에서 무수히 그려내었듯이 먼 훗날 인간의 지능을 넘어서는 기계가 인간 세상을 지배하는 날이 오지 않을까 하는 상상이 가능한 시대에 살고 있다. 그렇게 되면 인간의 탄생과 죽음까지도 과학기술의 몫으로 남겨두게 될 것이다.

그러나 현대사회를 건설한 과학기술의 발전을 긍정적으로만 바라볼 수 없다. 결국 인간의 운명을 온전히 과학기술에 맡기는 실정이 되어버릴 수도 있기 때문이다. 자연을 극복하겠다는 인간 이성의 힘이 현대 과학기술을 만들어냈지만, 현재 그 과학기술 속엔 인간 영혼의 숨결이 사라지고 마는 주객전도의 위기에 봉착하고 있는 셈이다.

3) 과학기술문명에 따른 공동체의 붕괴

산업혁명 이후부터 본격적으로 전개된 현대사회는 과학과 기술의 힘으로 자연을 극복하고, 죽어서만 갈 수 있다는 천국을 이 땅 위에 건설할 수 있을 것이라는 인간 욕망이 탐욕에 가까울 정도로 확대된 것이다. 현대사회의 건설 과정에서 상품을 생산하는 노동자의 소외, 직장을 잃게 된 숙련 노동자들의 기계 파괴 운동, 어린이 노동 강요, 빈부차이 등의 많은 사회문제를 야기하였지만, 과학기술이 인간 삶에 가져다주는 혜택이 월등하였기에 점차 세상은 좋아질 것이고 완벽해질 것이라는 막연한 기대감으로 직면한 사회문제들을 외면해 왔다. 현대인에게는 과학기술의 진보야말로 문명의 진보이며 인류의 진보라는 인식이 확산되었던 것이다. 노동소외와 인간소외에 대해 열변을 토했던 마르크스조차도 과학기술의 낙관론자로서 과학기술의 힘으로 인간이 더 이상 힘든 노동에 종사하지 않아도 된다는 믿음을 가지고 있었다.

과학기술의 눈부신 발달은 현대사회 초창기의 낙관적인 믿음과는 다른 결과를 초래하였다. 제1, 2차 세계대전을 거치면서 수십만 명의 인간을 한꺼번에 살상할 수 있는 핵무기 등과 같은 비인간적인 살상무기를 보면서 인류는 과학기술의 발전에 의해 멸망할 수 있다는 공포를 느끼기도 하였다. 한편 2차 세계대전 이후 과학기술의 급격한 발달로 인한 자동화된 기계 시스템에 의해 인간은 점차 세분화, 분업화, 전문화되어 단지 거대한 장치에 부속된 차륜적 존재로 전락하였다.

돌이켜 보면 현대사회를 건설할 때 현대인들이 추구한 인간 존재의 주체성과 자유는 이제 박탈당하였다. 그 박탈의 대가로 얻은 것은 물질적인 안락함과 편리함뿐이었다. 이처럼 현대인들은 과학기술의 물질적인 혜택은 누리지만, 인간의 자유와 영혼의 아름다움은 물질적 혜택과 반비례하면서 점차 형해화 되고 있는 실정이다. 인간의 주체성이 형해화된 결과 사람들은 인간으로서 존엄과 존중, 긍지와 기쁨은 사라지고 정신적인 빈곤과 도덕적 타락에 시달리고 있다.

이제 현대사회에서 인간은 목적이 아닌 단순한 수단으로 전락하고 있다. 과거에는 찾아볼 수 없었던 스트레스, 우울증, 자살, 마약중독, 엽기적인 범죄 행위 등의 사회적 병리 현상이 현대사회를 상징하게 되었다. 한마디로 현대의 과학기술문명은 아름답고 자유로운 인간성을 상실시켰던 것이다.

또한 현재의 과학기술은 지구촌에서 일어나는 비극적인 상황에서도 자유롭지 못한 실정이다. 농업과학기술은 엄청나게 발전하였지만 지구촌 곳곳의 저개발국가에서는 아직도 수많은 사람들이 물질적 빈곤과 기아에 시달리고 있다. 의학과학기술은 최첨단을 달리지만 부유한 사람들의 생명 연장을 위해 가난한 사람들의 장기를 매매하여 이식함으로써 인간의 생명이 기능적으로만 이용되는 실정이며, 또 어떤 지역에서는 간단한 소독약이나 페니실린을 구하지 못해 사람들이 죽어가고 있다. 강대국은 인류를 멸망시킬 수 있는 핵무기를 전쟁 억지력이라는 이유로 자랑하듯이 소유한 채 군비증강에 몰두하고 있다. 선진국의 끝없는 식량을 공급하기 위해 아마존의 열대우림이 파괴되고 있으며, 공장과 가정에서는 편리성과 비용절감이라는 이유로 오염물질을 무분별하게 배출하여 지구의 물, 공기 등을 파괴하고 있다.

우리가 발을 딛고 있는 현대 사회는 지금 몰락기에 접어들었다고 해도 과언이 아니다. 현대인들은 과학기술로 자연을 지배하고자 했던 지나친 오만으로 인해 위기를 맞고 있다. 이제 자연의 강력한 저항에 부딪쳐 인류의 생존마저 위협받게 되었다. 현재의 과학기술은 인간의 해방을 실현해주는 도구가 아니라 인간성 상실과 야만성 증가로 인한 공동체 붕괴를 촉진하는 촉매제일 뿐이다.

인류가 출현한 이래로 공동체를 지향하는 것은 인류의 시원적 정신이라 할 수 있다. 조그마한 공동체에서 얼굴과 얼굴을 맞대면서 막걸리 한 잔 놓고 기쁨과 분노, 슬픔과 즐거움을 공유하고자 하는 것이 소박한 인류의 정신이라 할 수 있다. 사람은 혼자 살지 못하고 더불어 사는 존재이다. 인간이 생각하고 말할 수 있는 존재가 된 것은 사람들과 함께 대화하고 소통하며 살라는 의미이다.

오늘날처럼 키보드만으로 다량의 정보를 교환하는 첨단의 정보화시대, 디지털시대에도 진정 자신과 소통하면서 자신의 고통을 어루만져 주고 기쁨을 함께 나눌 수 있는 커뮤니티는 공동체

69

뿐이다. 이런 공동체가 현대사회에서는 붕괴되고, 기계화된 사회제도라는 거대 조직만이 있을 뿐이다. 오늘날 우리는 아파트 문을 닫으면 이웃이 누구인지도 모르고, 방문을 닫으면 가족 간의 소통마저도 단절된 채 방안에서 휴대폰 화면과 소통하는 막힌 사회, 인간이 소외되는 세상에 살고 있다.

이제 바뀌어야 한다. 현대사회 몰락기의 과학문명을 진정으로 고민하고 반성하며 인간의 행복한 삶을 위한 인간중심적 과학의 세계관을 건설할 때가 되었다. 그 중에 가장 중요한 것은 더불어 살아가겠다는 공동체 정신이다. 이런 정신이 있으면 과학기술문명에 의해 훼손된 인간성을 회복할 수 있을 것이다. 조그마한 공동체에서 거대한 공동체 정신으로 나아갈 때, 즉 가족공동체, 이웃공동체, 친구공동체, 사회공동체, 국가공동체에서 궁극적으로는 인간과 자연의 공동체 정신을 회복하는 순간 과학기술로 인해 상실된 인간다움의 자유와 건강한 자연이 회복될 것이고 현대사회와 다른 새로운 문명세계가 열릴 것이다.

2. 현대 한국사회 위기의 풍경들

서구가 현대사회를 건설하는 동안 한국은 과학기술문명이라는 시대적 패러다임의 변화에 둔감하여 일제 강점기과 남북분단, 한국전쟁이라는 민족적 고통을 겪어야만 했다. 그 후 한국사회는

서구 현대를 따라잡기 위해 고도로 압축된 경제성장과 현대화에
모든 역량을 쏟아 부었다. 그 결과 한국은 이제 경제 기적을 이
룬 나라로 세계에 알려지면서 OECD에 가입한 선진국이 되었다.
하지만 한국사회는 어떤 나라보다도 사람이 아닌 돈과 시장만이
모든 가치를 주도하는 체제가 되었다. 이로 인해 한국인들의 가
치관은 인간다운 중심을 잃은 채 표류하게 되었고, 바른 인성은
파괴된 채 오직 승자만이 살아남는 승자 독존의 사회가 되고 말
았다. 한마디로 한국사회는 불신과 경쟁만이 존재하는 사회가 되
어, 아이부터 어른, 심지어 노인까지 우울한 얼굴을 한 채 하루
하루 힘겹게 살아가게 된 것이다.

경의검敬義劍, 성성자惺惺子 : 남명은 '경의검'과 '성성자'을 차고 다니며 외부의 유혹으로부
터 마음을 경계하고자 하였다.

1) 표류하는 한국인의 가치관

한국은 현대화 과정에서 산업화를 통한 압축적 경제성장기, 즉 생산주의 시기와 더불어 서구식의 민주화 정착의 시기, 생리적 욕구를 충족하는 수준 이상의 과잉소비가 이루어지는 소비사회 시기, 탈취에 의한 자본축적을 용이하게 만드는 투기적 금융자본주의 시기를 아주 급속하게 거쳤다. 한국은 300년 간 서구사회가 건설하였던 현대사회를 불과 40여 년 만에 완성하였다. 한국인들은 이러한 급속한 변화로 인해 정신적 혼란에 시달리게 되면서 기존의 가치관이 붕괴되고 사회의 도덕적 규범이 와해되는 상황에 직면하게 되었다.

공자상孔子像 : 중국 곡부사범대학 내에 있는 공자상이다. 지금 한국사회는 공자의 전통적 인성교육이 절실하다.

그 결과 이익을 극대화하기 위해 300여 명의 꽃다운 어린 목숨을 몰살시킨 세월호 참사, 20대 청년들이 군대 내에서 끔찍한 집단폭력으로 동료를 때려서 죽게 만든 윤 일병 사건 등에서 볼 수 있는 인권유린문제, 15세 소녀들의 행동으로는 믿을 수 없는 김해 여중생들의 잔혹한 살인사건, 파주에서 발생한 50대 여성의 엽기적 시신유기사건, 60대 후반의 노인이 저지른 전남 장성의 요양병원 방화와 2008

년 숭례문 방화사건 등 과거에는 상상할 수조차 없었던 강력범죄가 세대를 가리지 않고 연일 터져 나오고 있다. 이런 일련의 사건은 한 개인의 도덕적 문제로 치부할 수 없는 것으로 한국 사회 전체가 겪고 있는 구조적인 문제에서 비롯된 것이다.

1997년 IMF 위기를 거친 이후 한국 사회는 아주 견고한 승자독식 사회로 변모하였다. 공존의식이 사라진 것이다. 한국 사회에서 뒤쳐지지 않기 위해서는 승자가 되어야 하기에 모든 한국인들은 투자하는 동물이 되었다. 집 장만과 자식 공부도 투자행위가 되어, 아파트 평수와 숫자 늘리기에 올인하는 '아파트 공화국', 입시경쟁에서 무조건 이겨야만 하는 '입시공화국'이 되었다.

이로 인해 한국 사회는, 경쟁에서 탈락한 낙오자들의 자살과 강력 범죄, 배려하지 않는 학교공동체의 폭력, 세계 최하위의 출산율, 빈부격차와 사회 양극화, 극심한 상호증오와 적대감 등 총체적인 위기 상황에 직면하고 있다. 이 상황에서 사회가 공동으로 추구해야 할 핵심 가치는 부재하고 개인의 가치관은 표류하고 있다.

사람의 가치보다 효율적인 자본 축적에 치중하는 한국의 과학기술시대에, 우리는 고용 없는 성장, 구조 조정의 남발, 청년 실업의 상황에서 살아남기 위해 경쟁적으로 스펙쌓기와 과도한 자기계발에 치중함으로써 획일적인 사회에 자발적으로 종속되고자 한다. 개성이 존중받는 다양성의 시대는 허울뿐 모두가 획일화되는 것이 지상 최대의 과제가 되었다. 공장에서 상품을 찍어내

듯 사람들도 기계부품이 되어버린 듯 입시매뉴얼, 집장만매뉴얼, 회사매뉴얼, 인간관계매뉴얼 등이 없으면 살아갈 수 없다. 어린 이부터 노인까지 모두 매뉴얼의 목표대로 한국사회에서 살아남기 위해 과속으로 질주하고 있다. 멈추면 도태된다. 매뉴얼에서 벗어난 창조적인 인간은 곧 낙오되어 사회의 잉여인간이 된다.

이런 한국 사회에서 한국인들이 인간다움을 상실하고 가치관의 혼란을 겪는 것은 당연한 결과라 하겠다. 한국인들이 타인과 소통하고 공유하는 것은 오직 사회 속에서 낙오되지 않기 위해 물적 기반의 획득, 즉 아파트, 입시, 경쟁과 살아남기, 스펙 쌓기일 뿐이다. 인간다움과 인간 존재에 대한 근원적인 질문을 던지며 자연과 인간의 소통, 나눔과 베풂이라는 공동체의 생활방식에 대한 질문을 용기 있게 던질 수 있는 사람은 극소수일 것이다.

과거 한국인들이 공동체 속에서 남과 더불어 살아오던 모습과는 달리 현대인들은 비인간화, 도덕적 무관심과 불감증의 수렁에 빠져 허우적거리고 있다. 따라서 현재 우리들은 "내가 누구인지 말할 수 있는 자는 누구인가."라는 질문에서 자유로울 수 없다. 지금 우리의 가치관은 매우 혼란하여, 악마의 얼굴을 한 돈의 흐름 속에 표류하고 있다.

2) 공존의식의 부재와 인성의 파괴

전통 시대의 한국인들은 이웃과 다투지 않고 콩 한 쪽이라도 나누어 먹으며, 부부 간에는 화목하게 지내고 형제 간에는 우애 있게 지내며, 자식을 엄격하게 키우고, 어려운 사람을 보면 도와주며, 어른을 공경하고 아이를 보호하라는 교육을 받으면서 자라났다. 이런 것이야 말로 사람됨의 기본이며, 사회 공통이 추구해야 할 가치이다.

그러나 지금 한국 사회는 어떠한가. 공존의식이 사라지면서 대기업은 하청을 주는 중소기업에 땀의 대가를 정당하게 지불하지 않고, 고액 과외비를 마련할 수 있는 상류층들의 자식들은 개천에서 잉태될 용의 씨앗을 빼앗아 명문대학 입학

남명선생신도비南冥先生神道碑 : 비문은 송시열이 썼는데, 그는 여기서 "사람마다 공정한 마음을 귀하게, 사사로운 욕심을 천하게 여길 줄 알고, 현실 사회에서 깨끗하게 사는 것을 숭상하면서 관권의 탐욕스러움을 부끄럽게 여길 줄 알게 한 것은 선생의 공이다."라고 하였다.

을 독점한다. 뿐만 아니라 도박 자금을 주지 않는다고 자식이 부모를 살해하며, 도덕적으로 엄격해야 할 가진 자들의 불법은 유전무죄의 논리로 용서되고, 없는 자들의 불법은 무전유죄의 대가로 엄격하게 단죄되는, 돈과 권력이 법 위에 군림하는 비이성적인 법치주의 세상이다. 돈과 권력의 승자가 된 가진 자들이 이제 대대손손 기세등등하게 한국을 수호할 태세이다.

한국인들은 이러한 사회의 적폐를 지켜보면서도 분노를 느끼

기보다는 이를 당연시하며 살아가고 있다. 또한 이런 사회적 메커니즘을 암묵적으로 익히고, 대다수의 사람들이 자신의 핏줄인 자식들에게 이러한 메커니즘에 소속되기를 강요한다. 돈이 곧 권력이고 인격이며, 이러한 세상에 승자가 되기 위해서는 묵묵한 곰보다 교활한 여우가 되는 것이 낫다고 본 것이다. 슬픈 한국 사회의 자화상이다. 이런 사회에서 사람됨의 인성이란 파괴될 수밖에 없다. 인성은 파괴되더라도 승자만이 누리는 물질적인 성취의 화려함만 있으면 그만이다.

친구들을 왕따 시켜 자살에 이르게 하는 학교 사회의 일은 이제 뉴스거리조차 되지 못하고, 거리에서 담배 피는 중학생들을 훈계했다가 집단폭행을 당해 죽는 사람마저 생겼다는 뉴스가 비일비재하다. 기혼자라도 애인 하나 두지 못하면 장애인이라는 농담이 있듯이 가정 속에서 행복을 찾지 못하고 욕망을 풀기 위해 거리를 배회하는 불륜의 어른들이 부지기수이고, 타인의 비리와 불법에 대해서는 욕을 하다가도 자신의 비리와 불법에 대해서는 눈을 감는 '네 탓 타령'만이 판을 치고 있다. 돈 많이 벌어 부자가 되라는 말이 사회적 인사의 최고가 된 현실은, 모든 것을 성적과 성과의 결과만 보고 과정을 평가하지 않는 세상, 탈법과 반칙을 저질러도 성과만 좋으면 되는 세상과 다를 바 없다.

이처럼 학교나 가정이 후속 세대에게 사람답게 바른 인성을 가지고 올바른 사회인으로 살아가라고 교육하는 것이 아니라, 승자독식의 사회구조에서 이기기만을 바라는 기계적 인간만을 양성하고 있을 뿐이다. 기계적 인간에게는 옳고 그름을 구별할 수 있는 사람됨이 있을 수 없다. 이러한 한국 사회에서 인간과 인간 간의 협력, 인간과 자연의 소통, 가난한 이에 대한 배려를 이야 기하는 참된 사회인이 나오기는 힘들다.

3) 불신과 경쟁의 사회공동체

공존의식이 사라진 사회에서는 자신의 잠재능력을 타인의 도움과 배려를 통해 최대치로 발휘하게 하는 공정한 의미의 참된 경쟁이 사라지고, 약육강식의 정글에서 타인을 정복해야 내가 살 수 있다는 악마적인 무한 경쟁이 판을 치게 된다. 이로 인해 더불어 살아야 한다는 사회 공동체 의식은 사라지고, 개인의 인성은 더욱 파괴될 수밖에 없다.

어떤 사회가 발전하기 위해서는 참된 경쟁이 필요하다. 하지만 한국 사회에 만연한 제로섬 게임과 같은 승자 독존의 악마적인 경쟁은 사회적 발전을 가로 막고 상호간 불신의 벽을 높일 뿐이다. 무엇보다도 한국 사회의 현대화 과정에서 특정 집단에만 부여된 특혜와 독점을 경쟁으로 포장하여 승자가 된 대기업, 지역 패권과 이념대결을 통해 승리를 쟁취한 정치인, 눈치 보기의 처세술로 고위직에 오른 공직자 등 한국 사회의 지도층에 대한 전반적인 불신과 혐오는 공정한 경쟁을 망치고 사회 공동체를 파괴하고 있다.

부정부패와 탈법으로 승자가 되어 부와 권력을 독점하는 세상에서 대다수 사회구성원인 일반 국민들은 그들을 승자로 인정하지 않고 끝없이 불신할 뿐이다. 국가기관, 기업가, 정치인, 언론단체 등은 단지 자신의 부와 권력에 대한 끝없는 욕망을 최대로 실현하는 흉악한 포식자로 보일 뿐이다. 사회 지도층을 믿지 못하는 상황에서 사회적 기강을 확립하자는 지도층의 주장은 나무에 올라가서 물고기를 구하는 격인 셈이다. 이제 승리자가 된 포식자들이 독점한 돈과 권력을 내려놓지 않고 아무리 진실의 목소리를 뱉는다 할지라도 그들은 양치기 소년과 같이 취급되는 구조이다. 따라서 사회 구성원들 모두가 불신하는 풍조가 팽배해 극심한 사회 갈등이 생기고, 자연히 사회 공동체는 파괴되는 것이다.

우리의 청소년들은 미래 사회의 희망이다. 하지만 미래의 한국 사회를 이끌어가야 할 청소년들이 지닌 공동체에 대한 인식은 세계 주요국 중에서 최하위라고 한다. 이는 한국 교육계에서 수십 년간 이루어져 온 교육 정책 즉 인성을 돌보지 않는 경쟁 위주의 입시교육을 강요한 결과이다.

청소년들은 타인에 대한 신뢰가 전제된 양보와 타협을 자신들이 손해 보는 것이라 인식하고, 출중한 능력을 발휘하는 친구를 인정하고 격려하기보다는 자신의 경쟁상대로 여기면서 시기하고 경계한다. 이러한 상황에서 건강한 공동체 의식은 생길 수 없다. 이는 청소년들의 탓이 아니라 어른들의 잘못이다. 공정과 정의가 정당한 대가를 받지 못하기 때문에 사람을 믿지 못하게 된 총체적 불신의 사회 구조에 청소년들이 희생된 결과이다. 이제 이런 강요된 희생을 끝내야 한다.

사회라는 공동체를 건강하게 지탱할 수 있는 힘은 결국 신뢰와 믿음이다. 하지만 우리는 점점 더 타인에 대한 믿음의 힘을 상실해가고 있다. 시민들은 자신을 보호해 줄 국가를, 자신이 의지해야 할 친구와 동료를, 자신이 뽑아준 정치인을, 자신이 사랑한 배우자를 불신한다. 심지어는 자신이 의탁할 가족을 불신하는 상황에까지 이르렀다.

이런 상황은 사람들에게 자연스레 어떤 탈법적인 방법을 사용하더라도 남을 밟고 자신은 살아남아야 된다는 악마적 인식을 심어준다. 내가 살아남기 위해 수단 방법을 가리지 않고 남을 이겨야 하는 불편한 진실이 한국 사회를 지배하고 있다. 이러한 불신 사회는 사회적인 불안과 위기를 확대 재생산하여 공동체를 파괴한다.

부와 권력이 불공정하게 경쟁하고 불평등하게 분배되는 한국 사회에서 공동체는 갈갈이 찢겨지고 말았다. 이를 극복할 수 있는 유일한 길은 불공정한 경쟁과 불평등한 분배에 강력하게 저항하는 것이다. 저항을 통해 한국사회를 공정한 경쟁, 평등한 분배가 실현되는 사회로 만들어야 불신의 공동체가 와해될 것이다. 그래야만 한국사회가 참된 경쟁을 통해 발전하는, 타인을 존중하고 배려하는 건강한 사회공동체가 될 것이다.

3. 위기극복을 위한 전통가치의 재발견

세심정先心亭 : 세심정(경상남도 산청군 시천면 원리 덕천서원 앞)은 남명의 제자, 최영경崔永慶(1529–1590)이 1582년(선조 15)에 덕천서원 유생들의 휴식처로 세운 정자이다. '세심'은『주역』의 "성인은 이로써 마음을 씻어 아무도 모르게 은밀한 곳에다 감추어 둔다[聖人以此洗心, 退藏於密]."라는 구절에서 왔다.

　현대사회의 폐해와 모순이 집약된 지금의 한국사회는 총체적인 위기의 국면에 봉착해 있다. 전통이 파괴되고 과거가 부정되는 한국사회에서 사람들이 나아가야 할 방향을 잃고 헤매는 것은 당연하다고 할 수 있다. 현재 한국사회의 위기 국면을 벗어나 미래에 사람다운 삶과 행복한 사회를 건설하기 위해서는 동양적 전통에서 시대를 초월하는 인간의 보편적 가치를 발견해야 한다. 전통은 방향을 잃고 우울하게 헤매는 현대인에게 현대적 삶의 방식과 목적을 반성하게 하는 성찰적 심성의 행복한 기회를 제공해 줄 것이다. 이런 성찰을 통해 각성된 현대인들에 의해 물질로 값을 매길 수 없는 생명의 진정한 가치를 회복시킬 수 있다. 옛 사람들의 삶의 다양한 풍경들이 오롯이 담겨져 있는 동양적 전통은 행복한 인간의 삶에 대한 반성과 사색을 통해 현대인들의 삶을 다시 돌아보게 해 줄 것이다.

1) 현대인을 위한 성찰적 심성

현대사회, 특히 한국사회는 '우울증이 각종 패션이 되는 슬픈 사회'라고들 말한다. 물질적 부와 권력을 획득한 사회적 승자든지, 아님 박탈의 삶을 사는 패자든지 간에 남녀노소를 가리지 않고 모든 사람들이 정신적으로 고통 받고 있다. 이 사회가 만들어 놓은 성적·재산·등급·성과 등의 수치에 노예가 되고, 수치를 실현하기 위해 무모한 경쟁을 벌이면서, 열등의식과 스트레스 같은 사회적인 우울증에 시달리는 것이다. 이는 물질적 목표는 분명해졌지만, 정신적 추구는 상실함으로써 야기된 증상이다.

이제 동양 고전으로 돌아가서 현대인의 삶을 반성하고 성찰하는 기회를 가지면서 미래 사회를 그려볼 때이다. 동양 고전의 장점은 현대인들이 누구나 쉽게 읽을 수 있고 자신의 삶에 적용하여 실천할 수 있는 실용적 교훈을 준다는 점이다. 무엇보다 사회적 우울증에 걸린 자기 자신의 심성을 깊이 들여다볼 수 있는 성찰의 기회를 준다는 점에서 최고의 가치를 지녔다. 현재 우리가 동양 고전에 다시금 관심을 기울여야 하는 이유가 바로 여기에 있다.

성찰적 심성이란 현대 사회의 삶의 방식과 목적을 반성함으로써 자기 생각과 행동 중에서 인간답지 못한 경향과 나쁜 마음, 그리고 올바르지 못한 생활 태도와 습관을 발견하고 이를 개선할 방법을 모색하고자 하는 마음가짐이다. 현대사회를 살아가는 사람들이 자신은 물론 세상을 바꾸기 위해서는 자기 성찰적인 심성을 회복하는 것이 필수적이다. 성찰적 심성을 통해 자신의 인간다움을 회복하고, 이런 성찰적 심성을 가진 사람끼리 연대하여 결국 세상을 바꾸어나가는 힘겨운 여정을 함께 해나가야 한다.

이런 성찰적 심성의 결과, 어려움을 당하거나 가난한 이를 보면 안타깝게 여기고 연대하는 마음인 측은지심惻隱之心을, 옳지 못한 불평등과 불공정함에 대해서 내면 심성에서 부끄러워하고 외면적으로 분노하는 마음인 수오지심羞惡之心을, 자신에게 겸손하고 타인에게 배려하고 양보하는 마음인 사양지심辭讓之心을, 사회적인 정의의 관점에서 옳고 그름을 분명하게 가리는 마음인 시비지심是非之心의 마음을, 즉 사회적 실천의 본질인 인의예지의 실마리를 망각하지 않게 되는 것이다. 이런 성찰적 심성을 가진 사람이 많아지면 자연히 사회는 정의로워지고, 평화롭게 변모한다.

성찰적 심성을 개인적 삶과 생활 속에서 일상적으로 체화한 사람을 동양 전통에서는 이상적인 최고의 인격, 즉 군자 혹은 대인이라 한다. 모든 사람은 군자와 대인이 될 수 있다. 다만 물질적 이익과 권력을 추구하는 사회적인 실천을 해나가는 과정에서라도 하루하루 자신을 세 번씩 반성하는[一日三省] 성찰적 심성으로 자신을 엄격하게 바라보아야 한다. 소인이라 일컫는 현대의 보통 사람들은 자신에게는 한없이 너그럽기 때문에 군자나 대인되기가 어려운 것이다. 공자는 『논어』에서 다음과 같이 말하고 있다.

> 군자는 아홉 가지를 생각한다. 볼 때는 분명하게 보이는지를 생각하고, 들을 때는 뚜렷하게 이해하는지를 생각하고, 표정은 온화한지를 생각하며, 용모는 근엄한지를 생각하고, 말할 때는 진실 된지를 생각하고, 일할 때는 공경한지를 생각하며, 의심이 생길 때는 질문할 것을 생각하고, 화를 낼 때에는 곤란한 일이 생기지 않을까를 생각하며, 얻을 수 있는 이익을 보면 도의에 부합하는지를 생각한다.

다소 상투적 이야기지만, 현대인이 이런 과정을 실천하기란 어렵다. 왜냐하면 다들 마음보다는 눈과 귀의 물질적 욕망을 따르는 소인이 되었기 때문이다. 군자나 대인은 바로 눈과 귀의 물질적 욕망을 따르는 것이 아니라, 물질적 욕망에 자신이 흔들릴 때 성찰적 심성을 확고하게 하여 인간다움의 본질과 참된 정의를 생각하면서 행동하는 것이다. 따라서 맹자는 다음과 같이 말하였다.

맹묘 아성전 : 맹자의 위패를 모시고 제사를 올리는 사당이다. 맹자가 공자에 버금가는
성인이라는 뜻에서 아성亞聖이라 하였다.

눈과 귀의 감각기관은 스스로 생각하지 못하기 때문에 외물에
구속되기 쉽다. 외물과 접촉하면 쉽게 유혹된다. 그러나 마음의 사
유기관은 스스로 생각할 수 있기 때문에 성찰해서 생각하면 인간
다움의 본심을 얻고, 생각하지 않으면 본심을 얻지 못하게 된다.

이러한 공자, 맹자의 주장은 그 옛날 약육강식이란 힘의 논리가
지배하는 춘추전국시대를 살았던 사람들을 위한 일상적 삶의 지침
서가 아니라, 21세기를 살아가는 현대인들을 위한 예언적 논의라고
할 수 있다. 이는 무자비한 경쟁에서 살아남아 물질이 주는 안락한
욕망을 추구하고자 하는 현대인들에게 성찰하는 심성의 중요성을
이야기해 주고 있다. 현 사회에 대한 비판을 통해 미래 사회의 변
화를 모색할 수 있는 강력한 힘은 인간다운 주체적인 삶을 살아가

려고 부단히 노력하고 성찰하는 마음자세에 달린 것이다.

이것이 바로 21세기 새로운 미래 사회를 열어갈 수 있는 전제 조건이다. 물 한 방울 한 방울이 떨어져서 바위를 뚫는다는 말이 있듯이, 현대인들이 비록 성찰적 심성을 체화하기가 어렵지만, 체화하고자 노력하는 사람들의 꿈이 많아질 때 악마의 얼굴을 한 현대사회는 악마다움을 벗어던지고 인간다움의 모습으로 변모할 것이다.

2) 생명 가치의 회복과 존중

지난 2014년 봄, 300여 명의 어린 생명이 희생된 세월호 참사는 압축적인 고도성장의 현대화를 거친 한국 사회에서 정신적으로 타락한 모든 문제점들이 녹아 있는 상징적인 사건이었다. 물질적 이익을 효율적으로 극대화시키기 위해 안전 규정을 무시하고 폐선될 배를 증축함은 물론 엄청난 과적을 하고 승객의 안전을 책임질 선장과 선원들이 어린 생명에게는 가만히 있으라고 기만하면서 자기만 살아남기 위해 가장 먼저 탈출하였다. 한편 이들을 구조해야 될 국가는 침몰하고 있는 배를 먼발치에서 바라보며 무력함을 드러냈을 뿐이고, 정부 고위층들은 희생자 가족들의 아픔에 공감하지 못하는 어처구니없는 발언과 행동을 반복하고, 언론은 책임감을 망각하고 자사 이기주의에 취해 오락프로그램처럼 선정적으로 보도할 뿐이었다.

이를 통해 우리는 이제 인간다움이 무엇인지, 올바름이 무엇인지조차 인식할 능력이 없는 한국 사회의 부조리를 총체적으로 볼 수 있었다. 이는 물질적 이익을 효율적으로 극대화하기 위해서 무분별한 개발과 성장을 추진하면서 빚어진, 자연과 생명의 가치를 경시한 현대사회의 탓일 것이다. 즉 현재 우리는 자신과 함께 살아가야 할 자연과 생명을 완벽하게 소외시키는 사회구조 속에 살아가고 있다.

동양고전에서는 천인합일天人合一의 경지를 사회에서 가장 이상적인 상태라고 인식한다. 여기에서 말하는 하늘은 요즘 말로 풀이하자면 자연이나 우주라고 할 수 있다. 인간과 하늘, 인간과 자연이 하나가 되는 경지를 최상으로 바라보았던 것이다. 따라서 『중용』에서는 "성誠 그 자체는 하늘의 도道이고, 성에 이르도록 노력하는 것은 사람의 도이다."라고 강조하였다. 여기에서 도는 사람이 마땅히 가야만 하는 길로, 하늘의 도인 성과는 조금도 차이가 나지 않는다. 사람이 하늘, 즉 자연을 본받아 하나가 되고자 노력하는 것이 사람들이 할 의무라는 것이다. 그런 노력이 이루어지면, 인간이 바로 하늘이고 하늘이 바로 인간이 된다. 이런 것이 천인합일의 경지이다.

이렇듯 천인합일은 인간이 자기 삶의 주인으로서 자연의 진리를 배우고 함께 하겠다는 인간 의지의 표현이다. 과학기술의 현대 사회에서 인간 이성의 오만함을 자랑하지 않고 자연과 인간의 도리인 천인합일을 실천할 수 있으면, 사람이 뛰어나든 뛰어나지 않든 모두들 성인과 군자가 되는 것이다. 다시 말해 천인합일의 사상은 사회 속에서 살아가는 인간들의 마음 자세인 윤리학에 다름 아닌 것이다. 인간과 자연, 자연과 인간이 하나 되는 기획, 즉 천인합일이나 혹은 인간의 도는 자연을 닮아 간다는 도법자연道法自然의 사상

중국 정겸丁謙의 행초, 「도법자연道法自然」 : 노자는 '도는 자연을 본받는다.'라는 도법자연道法自然을 주장하였다.

을 실천하는 현대인이 많아질 때 생태계가 파괴되고 생명 가치가 상실되는 시대는 종식을 고할 것이다.

인간의 삶은 변화의 연속이다. 변화하지 않는 삶은 진정한 인간의 삶이 아니라 바로 죽음이다. 죽은 자는 변화하지 않는다. 살아있는 자만이 변화할 수 있다. 21세기를 살아가는 현대인들은 자기를 변화시키면서 새로운 미래사회를 생각해야 한다. 미래사회의 새로운 가치와 질서는 성찰적 심성을 통해 각성된 사람들에 의해 펼쳐질 수밖에 없다. 천인합일의 생명가치를 회복한 성찰적 사람이 많이 나와야 한다. 생명은 물질로 값을 매길 수 없는 무한한 가치를 지녔다. 생명은 관념이 아니라 살아있는 삶 그 자체이다. 생명보다 더 소중한 것은 없다.

3) 행복한 삶에 대한 반성과 사색

아리스토텔레스(BC 384-BC 322) : 플라톤은 초감각적인 이데아의 세계를 존중하였으나, 아리스토텔레스는 자연물을 존중하고 이를 지배하는 원인들의 인식을 구하는 현실주의적 입장을 존중하였다.

아리스토텔레스는 훌륭한 국가의 목표이자 정치가의 의무는 모든 시민이 자신의 능력에 맞추어 최선을 다해 살면서 행복한 삶을 추구하도록 옆에서 도와주는 것이라고 말했다. 공동체적인 연대의식이 사라진 1998년 IMF시대 이후, 한국 사회에서는 개천이 오염되어 개천의 용이 사라졌다는 농담 아닌 말이 회자되고 있다. 개천의 용은 자발적인 창조성을 잃어버린 채 괴로워하고 있고, 부유층에서 족집게 훈련을 받아 규격화된 용으로 승천한 가짜 용도 역시 힘들어하고 있다. 현재 승자도 행복하지 않고, 패자도 행복하지 않는 삶이 지속될 뿐이다. 실제로 사회적으로 물질 욕망이 극대화될수록 스스로 행복하다고 느끼는 한국인의 숫자는 점점 줄어들고 있다. 미래 사회의 희망인 어린이와 청소년, 그리고 전체 한국인의 행복지수도 거의 세계 최하위 수준이다. 다들 행복하지 않다. 한국의 미래가 암울하다.

이제 사람으로서 행복한 삶에 대한 근원적인 질문과 가치판단을 진정으로 해보아야 할 때이다. 정신적 불행이 일상화된 행복하지 않은 사회일 때, 행복한 삶에 대한 진정한 고민과 사색이 이루어질 수 있다. 현대사회처럼 약육강식의 승자 독존이 이루어지던 춘추전국시대에 제자백가는 행복한 삶과 이상적인 사회공동체에 대해서 치열한 사색과 상호간의 논쟁을 벌였다. 이런 동양 고전의 사상은 사람으로서의 정체성, 즉 자아를 찾는 과정 그 자체였다.

공자는 사람이 자연 속 하나의 존재로서 천지자연과 서로 융합하여 한 덩어리가 되면서, 자유로운 행복한 삶이 보장되는 이상적 사회공동체를 '대동大同'이라 인식하였다. 대동사회란 이 세상의 모든 재화를 개인의 소유가 아닌 공공의 것으로 여기는 사회이다. 노동 능력이 있는 자에게 노동에 종사할 수 있는 일자리를 주고 노동 능력이 없는 노인이나 어린이는 사회보장제도에 의해 잘 부양하며, 정치 지도자는 모든 사람들의 존경을 받는 어질거나 능력이 있는 사람을 선택하여 구성원들 사이에 신의와 화목을 구현하는 것이다.

이런 세상에서는 전쟁이 없고 사람들은 자기 부모나 자식뿐만 아니라 주변 사람들까지 널리 사랑하며, 자신의 이익을 위해 악의적인 음모나 술수를 쓰지 않으므로 도둑질이나 강도 등 범죄도 발생하지 않는다. 다시 말해 대동사회에서는 누구나 자신의 능력을 창조적으로 발휘하면서도 자신의 이익을 추구하지 않고, 만인의 신분적 평등과 재화의 공평한 분배가 이루어지고 인간의 윤리가 제대로 구현되는, 참으로 행복한 사회인 것이다. 따라서 공자는 『예기禮記』「예운禮運」편에서 다음과 같이 말하고 있다.

> 큰 도가 행해지면 천하가 공정해진다. 현명한 사람과 능력 있는 사람을 뽑아 쓰면 신의가 돈독해지고 화목해진다. 그래서 사람들은 자기 부모만 부모로 모시지 않고 자기 자식만 자식으로 사랑하지 않고 남의 어버이나 자식도 자기 가족처럼 여기게 된다. 노인은 안락하게 여생을 보낼 수 있게 되고, 젊은 사람들에게는 일자리가 있으며, 어린아이들은 훌륭하게 양육되고, 홀아비·과부·고아, 그리고 의지할 데 없거나 병든 사람들도 모두 부양을 받게 된다. 남자에게는 직분이 있고 여자에게는 시집갈 곳이 있다. 재물을 땅에 버려지는 것을 싫어했지만 반드시 자기의 이익만을 위해 쌓아 두지는 않는다. 몸소 일하지 않는 것을 싫어했지만 반드시 자기를 위해서만 일하지는 않는다. 그러므로 나쁜 꾀는 생기지 않고 도적떼도 생겨나지 않아서 대문을 닫지 않고 살 수 있게 된다. 이러한 세상을 '대동'의 세상이라고 부른다.

이런 대동의 세상에 사는 사람들의 삶은 행복하지 않을까? 만민의 신분적 평등과 재화의 공평한 분배, 인륜의 구현으로 특징되는 공자의 대동사회를 현재적 독법으로 말하자면, 노동의 보편성과 소유의 공공성이 보장되는 행복한 복지사회의 구현이라 할 수 있다.

당시 공자와 대척점에 있던 묵자는 노동이 소외되지 않는 공생의 공동체적 삶을 행복한 삶이라 인식하였다. 천하에 남이 없이 우리 모두가 하나이고, 공동체를 기반으로 한 전체적인 사랑, 모든 것을 망라하는 두루 평등한 사랑인 겸애兼愛를 주장한 묵자는 노동하는 사람들의 자의식으로 개인적인 덕성보다는 사회구조의 시스템에 일차적인 관심을 기울였다. 다시 말해 묵자는 사회시스템을 개혁하면서 행복한 삶에 대한 화두를 던졌던 것이다.

또한 위기에 봉착하지 않도록 백성을 보호하는 삶을 이상적으로 여긴 손자孫子, 모든 사람들이 법 앞에 평등한 사회를 꿈꾸었던 상앙商鞅, 실용을 무기로 부유한 공동체를 꿈꾸었던 관중管仲, 도덕과 예의를 숭상하면서 절약과 청렴이 미덕인 삶을 최상의 가치로 꿈꾸었던 안자顔子 등, 동양 고전의 사상가들에게는 모두 자기 나름대로 이상적으로 꿈꾸는 행복한 삶과 사회공동체에 대한 기획이 있었다.

만약 그 꿈은 실현되지 않는다 할지라도, 그 꿈을 실현시키도록 노력하는 인간의 자세와 의지가 뒤따른다면 행복한 사회로 나가는 최소한의 전제조건이 되지 않을까? 이 땅의 사회 지도층들이 현 사회의 문제점은 무엇일까, 어떻게 해결할 수 있을까, 어떤 로드맵을 통해 행복한 공동체를 만들 것인가를 고민할 때 동양 고전에 있는 지혜의 힘을 참조해야 할 것이다. 왜냐하면 이 땅에서 불행하게 살아가는 많은 사람들과 세상에 희망을 선포해야 하기 때문이다.

묵자墨子(BC 480 -BC 390) : 묵자 는 겸애설兼愛說 을 주장하였다.

손자孫子(?-?) : 손자는 『손자병 법孫子兵法』의 저 자이다.

상앙商鞅(?-BC 338) : 상앙은 진 제국 성립의 기반 을 세웠고, 10년 간 진나라의 재상 을 지내며 엄격한 법치주의 정치를 폈다.

관 중 管 仲 (? - B C 645) : 관포지교管鮑 之交 고사의 관중은 환공을 도와 군사 력 강화, 상업·공 업 육성을 통해 부 국강병을 꾀하였다.

안자顔子(521- ?) : 안자는 공 자의 극기복례 克己復禮 가르침 을 지켰다.

4. 21세기 살아 있는 전통으로서의 남명학

현재 우리 사회에서는 역사나 전통쯤은 무시해도 아무런 상관 없는 것으로 간주되고 있다. 옛 삶의 흔적이 파괴되고 전통의 아 름다운 유산이 부정되는 사회에서 나아가야 할 방향을 잃고 헤 매는 것은 당연한 귀결이라 하겠다. 퇴계와 더불어 조선을 대표 하는 학자인 남명은 자신의 올바른 모습을 끊임없이 성찰하고, 나아가 조선을 행복한 사회로 개혁하고자 했다. 남명이 현대의 우리에게 남긴 유산은 성찰하는 인간상과 실천하는 교양인의 모 범이었다. 남명은 성찰을 통한 자기 수양과 사회적 실천, 즉 경 의를 통해 인간의 얼굴을 한 더불어 사는 사회공동체를 건설하 고자 노력하였다. 남명을 21세기에도 살아 있는 전통으로 복원해

덕천서원德川書院 : 덕천서원(경상남도 산청군 시천면 원리 222–3)은 1576년(선조 9) 남명 南冥 조식曺植의 학덕을 추모하기 위해 최영경, 하항 등의 사림士林들이 그가 강학하던 자리에 건립한 서원이다. 1974년 2월 16일 경상남도유형문화재 제89호로 지정되었다.

야만 현재 우리가 처해진 상황을 제대로 인식하고, 미래의 올바른 방향을 모색해 볼 수 있을 것이다. 남명학은 박제된 낡은 것이 아니라 우리 시대를 위해 여전히 살아 움직이는 것이다.

1) 성찰하는 인간상 제시

물질만능과 인성파괴의 현대사회에서 끊임없이 반성하고 성찰하는 인간상을 제시한다는 점에서 남명학은 시대적 가치를 지닌다. 이미 언급한 바 있듯이, 남명학의 핵심적인 가치는 바로 경의敬義로 요약된다. 경敬이 사람됨의 참된 마음을 가지기 위해 자신의 모습을 반성하고 성찰하는 수양의 과정이라면, 의義는 그러한 성찰을 통해 윤리적으로 각성된 내가 사회적으로 불합리한 것을 척결하고 정의롭게 행동하는 실천의 과정을 말한다. 즉 자기를 성찰하는 수양의 과정과 사회적인 실천과정을 부단히 반복하면서 개인적으로는 윤리적으로 더 높은 인격을 만들고 사회적으로는 올바르고 정의로운 행복 사회를 만들어가야 된다는 의미이다.

남명은 경남 합천군 삼가면 토동 뇌룡사雷龍舍에 있을 때 흰 오리 한 쌍을 키운 적이 있다. 그 흰 오리가 매일 진흙탕에만 빠져서 먹이를 찾는 데 정신이 없었다. 그랬더니 오리 몸에 온통 새까맣게 진흙이 묻어서 그 본모습을 알 길이 없었다. 남명이 맑은 물에 목욕을 시키자 오리의 몸이 깨끗하게 되었다. 이런 모습을 보고 남명은 "무릇 자양自養하는 데는 조심하지 않을 수 없다."라고 탄식하였다고 한다.

이 이야기에서 사물의 내면과 현상의 본질을 읽어내는 남명의 통찰력을 엿볼 수 있다. 남명은 본디 바탕이 하얀 오리가 진흙탕에 빠져 새까맣게 된 것은 조심하지 않고 먹을거리를 찾는 데 열중한 오리 자신의 물질적인 욕심 때문이라 해석하였다. 여기에서 진흙을 물질적인 욕심을 추구하는 인욕에 비유하였고, 오리의 하얀 바탕을 인간의 본성에 비유하였다. 항상 조심하지 않으면 진흙의 인욕에 의해 하얀 본성이 더럽혀진다는 말이다. 더럽혀지지

뇌룡정雷龍亭 : 뇌룡정(경남 합천군 삼가면 남명로 72-7)은 1883년경 토동 냇가에 중건하였고, 현재의 뇌룡정은 2007년 중건한 용암서원 앞쪽으로 2014년에 다시 옮겨 세운 것이다.

않기 위해, 물질적인 욕망에 휘둘려 마음에 때가 묻지 않게 하기 위해, 남명은 자신의 모습을 반성하고 성찰하는 자기수양의 과정인 '경敬' 공부를 해야 된다는 것이다. 이러한 경敬의 함양 과정, 즉 부단한 자기반성과 성찰을 통해 물질적인 욕망에만 사로잡히지 않는 순수한 인간 본성의 깨끗함이 회복될 수 있다.

IMF 이후 한국사회는 인간으로서 부끄러움을 모르고, 내면적인 자아갈등도 모른 채, 물질적 욕망을 향해 모두들 질주하는, 부자가 될 수 없기에 '부자 되세요.'가 오히려 덕담이 되는 속물의 시대가 되었다. 속물에게는 자기를 성찰하는 내면이 없다. 그래서 한국 사회에서 부단히 회의하고 반성하고 성찰하는 인간상은 패배자의 낙인이 찍혀 올바르게 대접을 받지 못하고 있는 실정이다. 물질적인 번영의 화려함 속에서 상실된 인간 본성의 깨끗함을 회복하자는, 다시 말해 속물이 되지 말자는 남명학의 주장은 현재 시기에 참으로 새겨들을 만하다. 돈의 노예가 되어 인간으로서 부끄러움을 모르는 세상, 즉 예의염치가 사라진 세상에서 남명학이 던지는 메시지 즉 물질적 욕망으로 더럽혀진 자신의 내면을 닦는 성찰하는 인간이 되라는 단순하면서도 강한 외침은 큰 울림을 가져다준다. 이러한 남명학을 실천하는 사람이 많아지면 많아질수록 속물의 시대는 저물어 갈 것이다.

2) 실천적 교양인 지향

남명은 지리산 자락인 합천의 외가에서 어린 시절을 보냈고, 청장년 시절 지리산을 10여 차례나 오르면서 지리산의 드높은 기상을 자신의 마음과 일치시키도록 노력하였다. 61세 때 지리산 천왕봉이 보이는 덕산 아래에 정착하여 살다가 마지막에는 지리산에 묻혔다. 남명에게 지리산은 인간으로서의 생명가치가 궁극적으로 도달할 인격적 수양의 상징이자 더불어 사는 공동체의 정신을 추구해야 하는 사회적 실천의 상징이었다. 또한 인간이 자연과 융합하면서 현실 속에서 자기를 성찰하고 인간 본성의 회복을 통하여 사회적인 정의를 실천하는 남명의 경의敬義사상이 집약된 상징물이기도 했다.

산천재山天齋에서 바라본 지리산智異山 : 남명은 산천재에 자리를 잡은 이유를 "다만 천왕봉이 상제와 가까이 있음을 사랑해서라네."라고 하였다.

　이처럼 인격적인 수양인 경敬과 사회적 실천인 의義를 함께 겸비하는 것은 보통 사람의 자질과 인격, 노력으로는 성취하기 힘든 일임은 분명하다. 그렇기에 경敬을 통해 의義를 실천하는 것, 즉 자기 성찰의 바탕 위에 바람직한 세상, 옳다고 여기는 이상을 위해 지리산과 같은 강고한 실천을 이루어가는 정신은 자기만을 생각하는 현재 사회에서 특별히 주목되는 부분이다.

　남명은 성찰하고 실천하는 지식인이었다. 이 지점에서 지식인의 유형을 도식적이지만 크게 세 가지로 나눌 수 있다. 첫째, 권력이나 물질적인 부와 같은 현실적 이익을 기본적으로 추구하면서 자신의 전문성을 권력자나 기득권 세력에게 적극 부역하는 사이비 지식인, 둘째, 오로지 개인의 학문적 성취만을 목표로 현실의 상황에 아랑곳하지 않고 자기의 세계로만 침잠하는 소극적인 내면 지향의 지식인, 셋째, 자기 성찰과 반성을 통해 자신의 마음을 다스리고 자신이 옳다는 신념과 믿음 아래에서 당대 현실의 모순과 갈등을 해결하기 위해서 고난을 감수하면서 자신의 정의로움에 충실히 하는 적극적인 지식인으로 나눌 수 있다. 이 중 남명은 세 번째 지식인의 표본이었다.

남명은 64세 때 동시대 최고로 추앙받던 학자였던 퇴계에게 보낸 편지에서 다음과 같이 말하고 있다.

> 요즘 공부하는 자들을 보건대, 손으로 물 뿌리고 비질하는 절도도 모르면서 입으로만 천리를 담론하여 헛된 이름이나 훔쳐서[盜名] 남들을 속이려[欺世] 하고 있습니다. 그러나 도리어 남에게서 상처를 입게 되고, 그 피해가 다른 사람에게까지 미치니, 아마도 선생 같은 장로長老께서 꾸짖어 그만두게 하지 않기 때문일 것입니다.

남명은 그 당시 퇴계학파를 중심으로 이루어지는 성리 논쟁에 대해 "헛된 이름이나 훔쳐서 남들을 속이려는" 첫 번째 사이비 지식인이 하는 짓이라고 평가절하하고 있다. 남명은 말만 난무하는 형이상학적인 천리보다도 최소한이나마 인간으로서의 기본적인 태도와 품성, 모든 사람들이 실천할 수 있는 것, 즉 손으로 물 뿌리고 비질하는 인간 자세의 중요성을 이야기하고 있다. 손으로 물 뿌리고 비질하는 것과 같은 인간의 기본적인 태도를 실천하지 않고 이를 하찮게 여기는 그 당시 지식인들을 비판하고 있다.

모든 사람이 실천할 수 있는 물 뿌리고 비질하는 생활 태도야말로 인간의 근본이라는 것이다. 그 근본이 결여되면 심오한 인간과 자연의 이치에 대해서 진실로 알 수 없다는 의미이다. 이것이 바로 실천하는 지식인, 실천하는 교양인의 자세이다.

이러한 실천하는 교양인의 자세는 아이들이 기본적인 생활습관조차 체화되지 않아도 공부만 일등을 하면 된다는 성과 지상주의에 빠진 현재 한국 사회에 시사하는 점이 많다고 하겠다. 가정에서 부모들이 전혀 책을 보지 않으면서도 자식들에게는 책을 보라고 윽박지르고, 부모들이 도덕적으로 타락한 행동을 하면서 자식에게는 올바르게 살아가라고 말하는 것은 이제 통하지 않는다. 부모가 적극적으로 자식들에게 생활습관에서 모범을 보이면 자연히 자식들은 따라올 수밖에 없다.

이처럼 사람은 올바른 인성이 바탕에 있으면 무엇을 하라고 강요하는 것이 불필요하다. 남명은 물 뿌리고 청소하는 등 생활의 기본적인 것을 실천하면 형이상학적인 하늘의 이치를 아는 것과 통한다고 인식하였다. 가장 간단한 것이 가장 심오한 것이며, 간단한 것과 심오한 것의 차이는 동전의 양면처럼 본질적으로 동일하다는 것이다. 생활 속에서 실천하기가 사회 속에서 실천하는 것으로 나아간다는 것이다. 남명학은 이처럼 자기실천과 사회실천의 동일성을 강조하고 있다. 이러한 자신 생활에서의 조그마한 실천력이 사회적인 정의와 불합리에 맞서 싸우는 거대한 의지와 무기가 되는 것이다.

남명학은 성찰을 통한 인격 수양과 함께 생활의 실천, 사회적 실천을 강조하면서 정의롭고 인간다운 행복한 사회를 만드는 길에 솔선수범하였다. 후일 남명학파들은 성찰을 통한 사회적 실천을 중시하는 학문성향과 현실에 대한 비판정신을 어떤 학파보다 더 강력하게 추구하는 경향을 보였다. 따라서 남명이 세상을 떠난 지 20년 후에 벌어진 임진왜란에서 그의 제자들이 대거 의병을 일으켜 백척간두의 위기에 처한 조선을 구하는 데 혁혁한 전공을 거둘 수 있었던 것이다.

3) 더불어 사는 사회 구현

이영공유애비李令公遺愛碑 : 『남명집』에는 이합천유애비로 되어 있다. 남명이 비문을 짓고 고산 황기로가 썼다. 이증영을 부모에, 합천군민을 어린아이에 비유하며 이증영의 선정을 기렸다.

남명은 성찰을 통한 자기 수양과 사회적 실천, 즉 경의敬義를 통해 인간의 얼굴을 한 더불어 사는 사회공동체를 건설하고자 노력하였다. 이러한 공동체의 구현을 위해 남명은 첫째, 사람들이 각자 자기를 성찰하면서 사람됨의 인성을 회복하는 인격적인 측면을 강조하였고, 둘째, 인성의 회복과 더불어 자기 주변 생활에서 인간이 해야 할 기본 도리를 실천하는 행동적인 측면을 중시하였으며, 셋째, 인격적인 측면과 실천적인 측면을 겸비한 사회지도자들의 도덕실천에 대한 강고한 의지가 중요하다고 보았다.

남명은 합천군수를 지낸 적이 있는 이증영李增榮의 업적을 기리기 위하여 군민을 대표하여 「이영공유애비李令公遺愛碑」를 쓴 적이 있다. 이 글의 서두를 잠깐 살펴보자.

> 누구인들 부모가 없을 것이며, 어느 부모인들 어린 아이가 없겠는가. 갓난아이가 어머니를 잃으면 다른 사람이 거두어 주기도 하고, 부모가 갓난아이를 먹일 때에는 사랑에 때로 틈이 생기기도 하였다. 그러나 유독 우리 공이 백성의 부모가 되었을 때는 사람이 어찌 잠시라도 틈이 생긴 적이 있었는가.

여기에서 그는 백성의 생명과 안전을 책임져야 될 관료나 정치 지도자들은 부모가 아이들을 돌보는 것처럼 백성을 어루만지고 소통해야 된다고 지적하고 있다. 어린 아이들을 다루듯 세심하게 백성의 어려움을 돌보는 정신이 필요하다는 것이다. 부모가 아이를 돌보는 데는 잠시 틈이 생긴다 할지라도, 관료들은 부모들보다 더 소홀한 틈이 생기지 않도록 노력해야 된다고 했다. 하지만 오늘날 이런 정치 지도자를 찾아보기는 어렵다. 무한경쟁에서 낙오된 사람들, 사회 양극화에 신음하는 사람들, 가난으로 생활하기 힘든 사람들에게 백성을 아이처럼 돌보는 정치지도자들이 있다면, 사회문제와 갈등의 대부분은 해결될 것이며, 나아가 더불어 사는 사회공동체를 만들어 낼 것이다.

국민들과 소통을 부르짖는 현재 한국 사회의 정치 지도자들은 남명처럼 자기를 수양하면서 마음에 한 점 티끌이 머무는 것을 용납하지 않으려고 노력한 적이 있는가. 권력을 소유하면서 국민들 위에 군림한 적이 없었는가. 사회 문제에 대해서 말로만 떠들고 비판하면서도 그것을 개선하려는 실천력을 강고하게 가진 적이 있었는가. 부모가 아이를 따뜻하게 돌보듯이 국민들을 대하면서 소통한 적이 있는가. 이런 질문으로부터 자유로운 정치 지도자들은 없을 것이다. 사람됨의 윤리가 사회의 변화를 추동할 수 있다. 그 윤리를 실천하고자 하는 의지와 사회의 변화는 분리될 수 없는 것이다.

남명학의 궁극적인 목표는 자기완성이다. 자기완성이란 결국 남과 더불어 사는 인간이 되는 것이고, 행복한 사회 공동체를 건설하는 것이다. 즉 인간의 본성을 자연과 일치시키면서 사회질서가 나아가야 할 공동체의 방향을 탐색하는 것이다. 다시 말해 성찰을 통해 사람 내면 깊숙이 있는 본연의 것을 인식하는 동시에 사회정의와 질서에 일치하는 공통의 윤리를 스스로 모색하는 것이다. 현재 우리 사회의 절망적인 모습은 물질적 욕망으로 인간관계가 황폐화된 것이다.

남명학은 내 멋대로 식의, 내 자신의 행복만을 추구하는 것이 아니라, 존재에 대한 깊은 도덕적 성찰을 통해 타인들과의 관계를 인간적인 것으로 만들어가는 더불어 사는 공동체를 지향하고 있다. 사회공동체에서는 지켜야 할 인간적인 규범과 도리가 있다. 사람들이 각자 처해진 사회 조건 아래 인간적인 규범과 도리를 잃지 않고 자기 일에 충실하면 행복한 삶을 살 수 있고, 이에 따라 사회의 공동선이 추구되는 것이기에 남명학의 존재 이유는 사라질 것이다. 남명학이 사라진 세상은 바로 인간의 의지가 공동선을 향해 실천되는 더불어 사는 공동체가 구현된 세상일 것이다.

제3장
남명학과 현대사회의 위기극복

　　현대사회의 위기는 교육·사회·정치 등 다방면에서 나타나고 있으며 이를 해결하기 위한 대안을 남명의 가르침에서 찾고자 한다. 우선, 입시 위주의 교육 환경은 맹목적인 지식 습득만을 강요한다. 이는 공부에 대한 궁극적인 물음의 결여로 나타난 것이다. 남명의 공부는 여기에 좋은 대안이 될 수 있다. 그의 생각은 자기 성찰을 바탕으로 사회의 공적 자아를 실현하는 데 있었기 때문이다. 둘째, 정치에서 소통은 매우 중요하다. 열린사회란 언로의 길이 다양하게 존재하며 정치에 대한 소신 발언이 용인되는 세상이다. 남명은 자신의 강한 성품과 기절이 당대 정치에 쓴 소리를 할 수 있음을 몸소 보여주었다. 셋째, 치국을 위한 남명의 제언은 바로 현실을 직시하라는 것이다. 특히 정치 지도자는 무엇보다 현실을 시급히 구제해야 한다는 생각을 갖고 정의롭고 공정한 사회를 만들 책임이 있다. 이를 위해서는 현명한 인

산천재山天齋 :
남명이 만년을 보낸 산천재는
1561년에 지었으나 임진왜란 때
불탔으며 1817년에 중건하였다.

재를 등용하여 인정仁政에 의한 정치를 펼칠 수 있는 토대를 마련하는 것이 중요하다고 했다. 마지막으로 이러한 위기 극복을 위한 주체가 어떤 인간형이어야 하는 문제이다. 남명은 이를 인성이 올바른 인간, 실천하는 인간이라고 하였다.

1. 우리 시대의 공부와 남명의 공부

우리 시대의 공부는 입시와 취업을 위한 맹목적인 지식 습득을 지상과제로 삼는다. 그러다 보니 "공부를 왜 하는가"라는 본질적인 물음은 더 이상 우리의 관심사가 될 수 없다. 오직 남보다 나은 삶을 위한 개인의 이기적 성취만을 목표로 하며, 이를 위한 무분별한 경쟁만이 존재하게 되었다. 그러나 지난날 선비들

입덕문入德門 표석 : '덕으로 들어가는 문'인 동시에 '덕산에 들어가는 문'인 입덕문은 이제
신이 처음 썼고, 배대유가 다시 썼다.

의 공부는 철저히 자신의 내면적 성찰을 통해 앎과 실천을 병행
하고자 노력하는 것이었다. 더욱이 남명의 공부는 올바른 인성의
함양을 통해 사회적 정의를 실천하고, 나아가 사회 발전을 선도
하는 데에 목적이 있었다. 우리 시대의 공부가 지향해야 할 것을
남명의 공부에서 찾고자 하는 이유가 바로 여기에 있다.

1) 이익 위주의 우리 시대 공부

① 우리의 공부는 입시와 취업을 위한 지식 습득에 불과하다

공부라는 말이 잊혀졌다. 지금도 공부라는 말을 쓰고 있긴 하

지만 이는 과거에 흔히 말하는 공부라는 의미와는 다르다. 공부
란 무슨 의미였는가.

> 공은 여공의 '工'이고, 부는 농부의 '夫'로서 사람이 학문을 할
> 때 여공이 부지런히 길쌈을 하듯, 농부가 힘써 씨 뿌리고 거두듯,
> 그렇게 해야 한다.

명종이 신하에게 "공부가 무엇이냐?"라고 물었더니 신하들이
당황하였는데, 참찬관으로 입시해 있던 조원수가 위와 같이 답변
하여 유명해진 말이다. 길쌈하는 여공과 씨 뿌리는 농부에게서
공부를 찾아 낸 것도 훌륭하지만, 공부가 입고 먹는 것이라는 직
관이 더욱 놀랍다. 공부는 이처럼 지극한 일상적인 것이며 자신
이 하고자 하는 일에 힘써 노력하여 무엇인가를 거두어들이는
행위인 것이다. 그런데 이러한 공부를 우리는 잃어버렸다.

2014년 한국방정환재단이 연세대 염유식 교수 연구팀에 의뢰
하여 전국 초등학교 4학년에서 고등학교 3학년까지의 학생 6,946
명을 대상으로 '한국 어린이, 청소년 행복지수'를 조사한 적이
있었다. 그 결과 이들의 주관적 행복지수가 74점으로 OECD 회원
국 중 최하위로 나타났다. 가장 행복해야 할 시기에 왜 그들은
행복하지 못한 걸까? 그들은 '좋아하는 일을 실컷 할 수 있을 때'
행복감을 느끼는데, 현실은 '성적 압박'과 '가중한 학습 부담'이
이를 가로막고 있다고 토로한다.

실제로 우리는 초등학교에서부터 대학교까지 16년, 그 적지 않

은 시간을 공부를 하면서 보낸다. 그때 공부란 어떤 것인가. 입시와 취업에 골몰했던 기억만이 생생하다. 아마도 이를 위한 지식 습득에 불과할 것이다. 그러다 보니 이러한 공부에서 기대하는 것은 대개 개인의 성취에 국한되며 그 과정에서 서로 간의 경쟁심만을 키울 뿐이었다.

시대에 따라 공부의 방법은 변하겠지만 그 본질은 변함이 없다. 그런 점에서 지금의 공부에 대해 고민하고 성찰할 필요가 있다. 현재 우리의 교육은 말로는 '행복교육'과 '창의인재'를 표방하지만 실제로는 좋은 직업, 출세, 그리고 하나의 목표에 이르는 맹목적 지식만을 강요한 나머지 교육의 당사자조차 행복하지 않은 것이 되어버렸다. 여기에 '공부를 왜 하는가.'라는 궁극적 물음은 마치 마음의 사치처럼 들릴 수 있다.

그러나 이제라도 공부의 목표를 분명히 하여 우리의 공부가 행복한 공부가 될 수 있도록 해야 한다. 그럼 우리가 추구해야할 공부의 목표는 무엇인가. 바로 행복을 위해 자신의 존재 가치를 발견하는 것이다. 즉 인간이 살아가는 궁극적인 목표는 행복에 있으며, 이는 자신의 존재 가치를 스스로 알아가는 과정을 통해 이루어질 수 있다는 것을 분명히 해야 한다. 그러기 위해서 가장 시급히 요청되는 것이 바로 인성 교육이다.

② 우리의 공부는 인성교육이 부재한다

지난날 우리는 교육이 지상 과제였다. 가난한 나라에 믿을 것이라고는 두뇌, 즉 우수한 인재를 기르는 것밖에 없었고 그것으로 보다 나은 미래를 꿈꾸고자 하였다. 그러한 생각은 지금도 그리 달라지지 않았다. 그런데 그 관심이 공부의 목표가 아닌 방법에 치중해 있다는 데 문제가 있다. 가령 입시에서 좋은 성적을 얻는 방법, 취업을 잘 할 수 있는 방법, 이를 알려준다는 곳에는 사람들로 북새통을 이룬다. 이는 어떤 수단과 방법을 동원해서라도 남들보다 더 좋은 결과를 바라는 마음에서 비롯된다. 그런데 이러한 방법적 고심에도 우리는 여전히 주입식 교육 방법을 벗어나지 못하고 있다. 물론 이 방법이 무조건 나쁘다는 것은 아니다. 다만 이것이 맹목적인 것이 될 때 문제가 발생한다.

우리 사회에서 지식층이 저지른 수많은 부정부패와 이로 인해 발생한 부조리를 생각해 보라. 그들에게 지식의 얕음을 문제 삼을 일은 아니다. 오히려 그들에게 필요한 것은 바로 이러한 지식이 맹목적이지 않게 하는 것이다. 그러기 위해서는 인성교육이 이루어져야 한다고 본다. 과연 인간의 길이 어디에 있고 공부는 왜 하며 지식이란 여기에 어떠한 역할을 하는가를 진지하게 묻게 된다. 이는 어릴수록 더 큰 효과를 발휘할 것이다.

최근 들어 초등학교를 중심으로 인성교육이 방과 후 활동의 하나로 이루어지고 있다. 이는 매우 바람직한 일이다. 그러나 그 내용이 단순히 유명한 선생님의 강연이나 과거의 예절만을 일방향으로 강요하는 경향이 되어서는 곤란하다. 만일 그렇다면 이것은 오히려 안 하는 것만 못하는 것이 될 수 있다. 인성교육이란 철저히 쌍방향으로 이루어져야 하며, 교수자는 그들 스스로 자신에게 묻고 답할 수 있는 길잡이 역할임을 잊어서는 안 된다. 인성교육의 중심은 그들이어야 하고 그들의 말과 행동이 주된 내용이 되어야 한다. 물론 거기에는 학습자의 고통과 교수자의 인내라는 서로의 노력이 절실히 요구된다. 그런 점에서 이제 겨우 그 중요성이 인식된 만큼 자칫 어긋나지 않게 하기 위해서라도 인성교육에 대한 다양한 프로그램 개발이 매우 중요한 과제로 남아있다고 하겠다.

2) 인성에 바탕 한 남명의 공부

① 선비의 삶과 인성 공부에 주목하다

전통사회의 선비는 양반으로서 이상적인 인간상을 상징하였는데, 현대사회에서는 글만 할 줄 알고 세상 물정을 모르는 사람으로 인식된다. 즉 선비는 시대성을 가진 용어로, 과거에는 하나의 모범이었던 것이 지금은 무능한 사람의 전형으로 비춰지고 있는 것이다. 이러한 인식의 변화가 일어난 가장 큰 이유는 무엇일까? 현실과는 동떨어져 빠르게 변화하는 사회에 적응할 수 없는 것이 가장 큰 이유일 것이다. 그러나 선비를 이렇게만 이해할 수 있는 것일까? 여기서 우리는 선비에 대한 보다 정확한 이해가 선행되어야 하고 그 속에서 선비의 의미를 새롭게 인식해야 한다.

1956년의 덕천서원德川書院 : 박문종이 1956년에 촬영한 것이다.

그렇다면 선비란 무엇인가. 일반적으로 말한다면, 전통사회에
서는 학식과 인품을 갖춘 사람에 대한 호칭으로서 특히 유교이
념을 구현하는 인격체 또는 신분계층을 가리킨다. 신분적 의미에
서는 신분의 상승과 하강이 가능한 연속적 관계를 중시한 '사대
부士大夫'와 유교적 인격체인 군자를 중시한 '사군자士君子'로 이
야기된다. 그 중 우리가 말하는 선비 개념은 주로 후자에 맞추어
져 있다.

그들에게 기본적으로 요구되는 것은 내적으로는 엄정한 인격
수양을 통해 공적 자아를 확보하고, 외적으로는 구세의 의지로
권력의 전횡에 맞서는 굳센 인격이었다. 여기에 자연과 함께, 때
로는 벗들, 또는 백성들과 즐기는 풍류 또한 빼놓을 수 없는 미

덕이기도 했다. 따라서 전통사회의 선비란 결국 인격수양과 배움을 통한 실천을 주된 것으로 삼는 사람이라 할 수 있겠다. 그러나 오늘날 선비의 의미는 일종의 생활철학이며 생활신조라 할 수 있다. 즉 학식이 있고 행동과 예절이 바르며 의리와 원칙을 지키되 관직과 재부를 탐내지 않는 그런 고결한 인품의 사람을 가리킨다. 그것은 전통사회에서 보는 선비의 인격적인 면을 계승한 것이라 할 수 있겠는데, 이 점이 바로 오늘날 우리가 선비에서 찾고자 하는 중요한 점이라 할 수 있겠다.

이들의 삶은 바로 이러한 공부로 인해 강직하고 청렴함을 기본으로 한다. 세상에 대한 쓴 소리를 내되 자신은 소박하고 검소한 삶을 가장 중요한 삶의 태도로 여긴다. 그러니 선비들의 생활은 풍요롭기는커녕 가난을 겨우 면할 정도이다. 그럼에도 이들이 이를 탓하거나 부정하기보다는 오히려 삶을 즐기는 여유도 가졌다는 것은 참으로 놀라울 따름이다. 안빈낙도安貧樂道라는 말로 설명되는 것이 바로 이것이다.

② 남명의 공부에서 오늘날 공부의 길을 찾다

남명은 바로 선비정신을 제대로 지닌 사군자의 전형이었다. 사화의 한 가운데 있으면서도 올곧음으로 일관했던 그는 스스로 처사로서의 삶을 자처했다. 그의 공부 또한 이러한 삶과 일맥상통하는 점이 있었다. 따라서 남명의 공부에서 오늘날 공부의 길을 찾아보기로 하자. 남명의 공부는 목적이 뚜렷했다. 그는 젊은 시절 『성리대전』에서 허형의 다음 글을 읽고 깊은 충격을 받았다.

> 이윤伊尹이 뜻하는 것을 뜻하고 안자顔子가 배우던 것을 배우며,
> 나아가 벼슬하면 나라를 위해 크게 하는 일이 있어야 하고 물러나
> 은거해 있으면 스스로를 지킬 줄 알아야 한다. 대장부는 마땅히 이
> 와 같이 하여야 한다. 나아가 벼슬해도 하는 일이 없고 물러나 은
> 거하면서도 지키는 것이 없다면 뜻하고 배운들 무엇을 하겠는가.

그는 자신을 돌아보니 부끄러움에 정신을 잃을 정도라고 하며
이제 가야할 길이 무엇인지 알았다고 말했다. 성현됨이란 공부의
목표가 정해졌으니 과거를 포기하고 학문의 길로 나아가고자 했
다. 그 길이란 바로 철저한 내면적 완성과 그 실천에 있음은 물
론이다. 당연히 그 길은 곤궁의 길일 수밖에 없다. 그는 오히려
이것이 학문하는 데 더 없이 좋은 여건이라고 스스로 만족해했
다. 이에 대해 정온鄭蘊은 다음과 같이 기록하고 있다.

> 아아! 선생에게 당시에 도를 행하도록 했더라면 그 넓은 강령과
> 큰 작용이 말세의 풍속을 돌이키고 요순의 다스림과 덕화를 만들
> 기에 어찌 부족했겠는가. 그런데 선생의 도는 은둔해서 형통한 것
> 이었다. 그 세상 도리에는 한 가닥 실로써 나라의 운명을 보호한
> 공이 있었고, 그 자신을 지키는 데에는 안자가 누추한 마을에서도
> 변치 않는 즐거움이 있었다.

'궁즉통窮則通', 『주역周易』 「계사전繫辭傳」에 나오는 "궁즉변窮則
變, 변즉통變則通, 통즉구通則久"에서 나온 말이다. 즉 곤궁함은 오

히려 변화를 가져오고 그 변화에 근거하여 통달할 수 있다고 믿었던 것이다. 이러한 신념은 자신의 학문적 목표가 있었기에 가능했고 비록 곤궁하더라도 이윤과 안자를 본받으며 자연 속에 은거하여 도를 즐기는 삶을 살겠다고 다짐할 수 있었다.

그렇게 시작된 공부는 가혹하기 이를 데 없었다. 무엇보다 철저히 자신의 마음을 다잡는 내면의 훈련을 감행했다. 거기에는 어떠한 유혹도, 감각적 욕망도 허락되지 않는 철저함이 깊게 배여 있었다. 여기서 중요하게 언급된 것이 바로 성誠, 경敬, 의義였다. 유가의 공부론에서 흔히 강조되던 것으로 남명 또한 이 문제에 대해 주목하지 않을 수 없었다.

그는 우선 '성경'의 관계에서 경선성후敬先誠後의 방법을 제시한다. '경'을 통해 마음을 굳건히 가지면 자연스럽게 '성'에 도달할 수 있다는 것이다. 또한 '경의'의 관계에서는 체體와 용用, 정靜과 동動 등으로 설명되기도 하고, 거경집의居敬集義 등으로 설명되기도 했다. 이는 '경'과 '의'가 밀접하게 상호작용하는 관계를 말한 것으로 행동실천의 원리인 '의'는 안을 규정하는 '경'에 의해 이루어진다는 것이다. '성경'과 '경의'의 관계는 대체로 '경'의 수렴을 통해 천리가 깃든 '성'에 도달할 수 있다고 하였으니 '경→성'의 관계가 성립되고, '경'의 확산에 의해 '의'를 실천할 수 있으니 '경→의'의 관계가 성립된다. 이로 보면 '경'에 구심력이 작용되어 '성'으로 수렴되고, 원심력이 작용되어 '의'로 확산되었다고 보았다. 특히 그는 이 중에서 경공부를 무엇보다 중요한 것으로 인식했다.

> 경은 성학의 처음이자 끝이므로 초학자에서 성현에 이르기까지
> 모두 경을 주장하는 것을 도에 나아가는 방편으로 삼았습니다. 학
> 문을 하면서 경을 주로 하는 공부가 부족하면 학문하는 것이 거짓
> 이 됩니다. 맹자가 "학문하는 도는 다른 것이 없다. 놓아버린 마음
> 을 구하는 것일 뿐이다"라고 하였으니 이것이 바로 주경공부입니
> 다. 옛날 여러 성현들이 자신의 마음을 수렴하여 오래도록 잃지 않
> 으면 사악한 마음들이 저절로 사라지고 온갖 이치가 저절로 통하
> 게 될 것입니다.

경은 성학을 위한 가장 중요한 공부법으로, 이는 다른 것이 아닌
놓아버린 마음을 구하는 것에 있음을 강조했다. 우리는 자칫 외물
의 유혹에 빠져 마음의 주재성을 잃어버리게 되는 경우가 많다. 놓
아버린 마음이란 바로 이 주재성을 의미하며, 이를 놓지 않고 굳건
히 지키는 것이 무엇보다 필요한 공부법이라고 생각했던 것이다.

복잡다단한 현실에서 남명의 이러한 공부는 자기통제 및 조절
능력을 기를 수 있는 인성함양에 중요한 단서가 될 수 있을 뿐만
아니라 오늘날 우리가 실천해야 할 공부의 방향이기도 하다.

2. 남명이 추구한 열린사회

조선 후기 언로言路를 논할 때 남명은 늘 본보기로 언급되었다.

특히 실학시대라 할 수 있는 영·정조대는 실천적이고 실용적인 역량이 함축된 남명의 성품과 기절氣節을 높이 칭송하였다. 여기에서 기절은 굽힐 줄 모르는 곧은 기개와 굳게 지키는 지조를 말한다. 이러한 남명의 실천 역량에 기반한 성품과 기절이 정치에 대한 소신 있는 발언을 할 수 있게 하였을 뿐만 아니라, 언로를 유지할 수 있도록 한 원동력이 되었다. 언로가 나라를 살리는 소통의 길이라면, 기절은 그것을 활짝 여는 문이었다. 소통하는 열린사회를 위하여 남명은 언로를 강조했고, 그 때문에 실학시대에 다시 떠오른 남명정신이 있었다.

산천재 벽화 : 상산사호가 바둑을 두는 그림이다.

새로 그린 상산사호도商山四皓圖

이윤이 유신의 들판에서 밭을 가는 그림

허유와 소보의 고사에 근거한 그림

1) 실학시대에 다시 찾은 남명

① 두 임금이 겨울의 소나무와 잣나무를 찾다

영조와 정조는 남명을 떠올렸다. 남명학파가 정치적으로 몰락하고 경상우도의 많은 사족 가문들이 무신사건戊申事件, 즉 이인좌의 난에 연루되었음에도 왜 그를 떠올렸을까? 이 물음에 답하기 전에 우선 짚고 넘어가야 할 것이 있다. 바로 당대에 남명과 남명학파에 대한 인식이 어떠했는가 하는 점이다.

1623년 이후 영남의 유림 사회에서는 자기 선조가 문사文士, 학자라면 으레 퇴계의 학맥과 연결시키려고 했던 풍조가 만연했다. 반대로 내암 정인홍이 서인정변으로 참수되는 등 학맥에 큰 파장이 미치자 남명연원南冥淵源의 경상우도 핵심 가문조차 남명과의 단절을 시도하였다. 대표적인 예로 남명의 외손서外孫壻인 동강東岡 김우옹金宇顒의 후손조차 김우옹의 향사를 위한 청천서원晴川書院을 건립한 후 봉안문奉安文에서 '집지계문執贄溪門'이라 하여 학문연원을 퇴계에서 찾고 있는 것을 볼 수 있다. 17세기 이후 강우지역에서 남명은 금기시 되지는 않았지만 그렇다고 공개적으로 남명연원을 자랑하지도 않았다. 이러한 상황에 1728년 무신사건까지 더 해지면서 경상우도에 대한 지역적 차별은 더욱 심화되었다.

사정이 이러함에도 영조와 정조가 남명을 찾았던 것은 그의 삶과 학문을 깊이 존경하였기 때문이다. 우선 영조는 1737년 7월

영조英祖(1694-1776)　　　　　　정조正祖(1752-1800)

영조(재위 1724-1776)와 정조(재위 1776-1800)는 남명의 삶과 학문을 존경하였다.

대신大臣과 비국당상備局堂上을 인견引見한 자리에서 좌의정 김재
로金在魯가 경상우도의 기절 숭상의 풍습이 유폐流弊[누적되어 온
폐단]가 되었다는 말에, 남명의 굽힐 줄 모르는 기개와 절조, 풍
모를 평하여 아름답다고 높이 평가하면서 당시의 말류지폐末流之
弊[근본정신이 쇠퇴해버린 말세의 타락한 풍속]가 더욱 염려스럽
다고 하였다. 또한 1765년 7월에는 대신과 비국당상을 인견한 자
리에서 우의정 김치인이 첫 경연에 입대入對하여 영조에게 유술儒
術을 숭상, 장려하는 도리 등에 대해 아뢰자 "지금 세상에 독서하
는 선비는 어찌하여 옛날 조식曺植과 같은 자를 얻을 수 있겠는
가. 다만 그 사람이 없음을 한스럽게 여긴다."라고 하였다. 남명

에 대한 영조의 두둔은 그에 대한 단순한 칭송의 의미도 있겠지만 당대 벼슬아치들의 학문과 기절에 대한 불만과 분발을 촉구하는 것이기도 했다.

정조 또한 남명에 대한 인식은 이와 크게 다르지 않았다. 1796년 8월 13일, 정조는 문정공文貞公 조식에게 사제賜祭하면서 "문정공 조식은 규모와 기상이 나약한 사람으로 하여금 제대로 서게 하고, 완악한 사람으로 하여금 청렴해지도록 할 만하였으며, 능히 심오한 경지에까지 나아가 지킨 바가 탁월하였다. 오늘날과 같이 시들해지고 퇴폐해진 풍속에서 어찌 문정공을 오도록 하여 이를 연마시키는 일을 맡길 수 있겠는가."라고 말했다.

이렇듯 두 임금이 남명을 떠올렸던 것은 그가 보여준 군자의 뜻과 곧은 기개, 높은 절조에 있었음을 알 수 있다.『논어』「자한子罕」편에는 "날씨가 추워진 뒤에야 소나무와 잣나무가 뒤늦게 시드는 것을 알겠다."라는 말이 나온다. 옛말에 '군자와 소인을 구별하는 것은 위기지학爲己之學의 행함에 있는 것이 아니라, 나라가 위기에 처했을 때 하는 행동으로 판단할 수 있다.'라고 한 것은 여기에 적절한 언급이라 하겠다.

② 남명은 결코 잊히지 않았다

남명은 퇴계와 함께 영남을 대표하는 인물이다. 그런데 그동안 왜곡과 폄하 속에 묻혀버렸다. 왜 그랬을까? 결정적 이유는 아무래도 정치적 부침이었을 것이다. 광해군 때 성세를 누리던 남명

부음정孚飮亭 : 내암 정인홍이 1580년에 건립한 것이다.

학파는 '서인정변'과 더불어 몰락한다. 특히 남명의 고제인 내암
來菴 정인홍鄭仁弘(1536-1623)은 폐모廢母의 주동자로 지목되어 처
형되고 그 화가 스승에게까지 미치게 되었다. 이후 내암은 남명
학파의 정치적 몰락에 대한 책임으로부터 자유로울 수 없었고
서인은 이를 철저하게 이용했다. 그것이 얼마나 강력했던지 지역
에서조차 내암과의 관계를 씻고자 했던 흔적을 어렵지 않게 찾
을 수 있다.

　내암이 신원된 것은 불과 100여 년 전의 일이다. 그나마 다행
이라 할지 모르나 진정한 의미의 신원은 아직도 요원하다. 이는
우리의 역사의식에 큰 변화가 없다는 데에서 그 이유를 찾을 수
있다. 1623년의 사건을 '서인정변'이 아닌 '인조반정' 또는 '서인

반정'으로 인식하고 있으면서도 그에 따른 남명과 남명학에 대해서도 제대로 된 평가는 받지 못하고 있다. 물론 여기에는 남명의 학문적 성격 또한 그 이유로 작용했을 것이다. 그는 많은 글을 남기지 않았다. '정주후불필저술程朱後不必著述'이라 하여, 정자와 주자 이후 더 이상의 저술은 필요하지 않다고 생각했다. 남은 것은 오직 실천이라는 말이다. 그러니 그가 남긴 것이라고는 시詩, 서書, 소차疏箚 정도가 전부여서 그의 진면목을 찾기가 쉽지 않다.

그렇다 하더라도 이에 대한 올바른 역사적, 학문적 판단은 필요하다. 물론 여기에는 엄밀한 비판과 평가가 요구된다. 이것이 온당히 이루어질 때 임진왜란 당시 의병 활동을 통해 나라를 구한 남명학파의 공적이 제대로 조명될 수 있으며, 이들을 뿌리로 둔 문중門中의 자존감도 절로 회복될 수 있을 것이다. 이것이 남명학이 지역의 차원을 넘어 국가의 기억으로 남을 수 있는 길이기도 하다.

2) 언로言路가 열린 소통하는 사회

① 언로는 나라를 살리는 길이다

조선시대 언관言官은 조정에서 남의 시비是非를 용납하는 풍토가 조성되어야 언로가 막히지 않는다고 여겼다. 여기에 시비를 논할 만한 기절을 가진 옳은 선비들이 즐비해야 올바른 언로가 유지될 수 있었다. 나라는 그런 점에서 언로를 살려야 하고, 언로는 나라를 살리는 것이 된다. 조선 후기 언로의 문제를 제기할 때 늘 등장하는 이가 바로 남명이었다. 그는 정치적 현안에 대해 항상 상소로써 자신의 의사를 적극적으로 개진했고, 이로써 당대의 반향을 일으켜 조선 후기 언로에 상당한 영향을 주었다.

남명선생이 선조대왕께 올린 무진봉사 : 남명기념관(경남 산청군 시천면 남명로 311) 경내에 있다.

1765년 4월, 영부사 김상복金相福이 사명謝命하기 위해 입대하자, 영조는 "지나간 일은 말하지 말라. 옛사람이 '폐하陛下는 걸주桀紂 같은 임금입니다.'라고 말하기도 하였고, 아조我朝의 조식도 역시 '대비大妃는 궁중의 한 과부寡婦이고, 전하는 선왕先王의 한 고자孤子입니다.'라고 말하였으니, 역시 무엄無嚴한 것이었다. 경이 비록 망발妄發은 하였으나 또한 무엇이 해롭겠는가"라고 하며 위로하였다고 한다. 영조는 비록 김상복의 언행에 잘못이 없지 않으나 이를 범한다면 임금의 눈치나 보아 제대로 언로를 진작 시키지 못할 것을 우려했던 것이다. 그만큼 언로를 통한 소통이 얼마나 중요한지를 알았던 것이다. 여기에서 남명의 상소는 어떠 한 의미로 받아들여졌는지를 짐작할 수 있다.

그런데 남명의 상소는 당시보다도 오히려 후대에 용납 못할 사안으로 받아들일 정도로 충격적이었다. 이로 말미암아 집권세 력은 남명과 남명학파를 일러 기절만 숭상한다고 비난했던 것이 다. 기절을 부정적으로 인식한 것은 아마도 현종, 숙종 대에 붕 당 간의 치열한 권력 다툼을 거치면서 현실에 순응하는 처세가 유행한 결과로 보인다. 이는 당연히 그들의 정치적 기반을 공고 히 하는 근거로 삼았음은 물론이다. 앞서 영조가 남명을 예로 들 어 문제 삼지 않은 것은 이러한 맥락이 작용한 것으로 보인다.

이렇듯 열린사회란 바로 자유로운 비판이 공존할 수 있는 언 로의 길이 확보되는 사회이다. 물론 길만 확보된다고 해서 모든 것이 이루어지는 것은 아니다. 자신의 의사를 소신 있게 드러낼 수 있는 기절이 뛰어난 인물들이 존재해야 하는 것이다. 남명의 기절은 그러한 점에서 우뚝했다.

② 기절은 언로를 활짝 여는 문이다

남명의 상소上疏에는 그의 기절이 가장 잘 드러나 있다. 누가

감히 문정왕후를 보고 궁중 안의 한 과부라고 할 수 있겠는가. 남명은 훈척 정치의 폐해 원인을 이렇게 지목했던 것이다. 이러한 기절이 결국 언로를 언로답게 만드는 것이다. 따라서 한 사회의 소통이 바람직한 방향으로 나아가고자 한다면 바로 각 개인의 기절이 무엇보다 중요한 것이 된다. 다음은 기절이 언로에 어떠한 영향을 끼쳤던가를 보여주는 사례이다. 1790년 2월 정언正言 이안묵李安默이 상소에서 다음과 같이 말하였다.

> 심지어는 사람들이 자기에 대해 의논하는 것을 미워한 나머지 언로言路를 막아버리는 바람에 십여 년 간에 걸쳐 관원이 서로 바로잡아주던 아름다운 기풍은 완전히 사라지고 말았습니다. 그리하여 마침내는 기절氣節이 소진되고 풍습이 크게 변하여 습속이 날로 오염되어 가는데도 수습할 길이 없게 되었으니, 이것은 또 누구의 죄라고 해야 하겠습니까?

이안묵은 정조에게 인신人臣을 의심하여 언로를 막아버림으로써 기절이 쇠약해졌다고 말한다. 이는 결국 그 사회의 정치가 쇠퇴하게 되고, 정치의 쇠퇴는 안민을 기대하기 어렵게 만든다. 남명은 바로 이 기절로 상징될 정도로 두드러졌다. 그러나 영조대에 남명과 경상우도에 대한 부정적 시선은 이러한 기절 또한 폄하의 대상으로 삼았다. 영조도 1740년 12월에 검토관 이천보李天輔가 남명을 헐뜯고 경상우도를 깎아 내리면서 기절 밖에 모른다고 하는 것에 동의를 하였을 것으로 본다. 또 1752년 8월에 영조

는 막 경상도 관찰사에서 돌아온 이
조판서 조재호趙載浩를 불러서 영남의
풍속을 물었다. 조재호가 "우도의 풍
속은 조식의 여풍餘風으로 오로지 기
절을 숭상하고 있습니다."라고 답하
였다.

이러한 폄하는 권력의 중심부에 있
었던 서인들이 자신의 권력에 대한
도전을 사전에 막고자 하는 의도가
깔려 있었다. 그러나 이러한 폄하의
대상이었던 기절이 바로 언로를 살리

조재호趙載浩(1702-1762) : 효순
왕후孝純王后의 오빠이고 경상도관
찰사·이조판서 등을 거쳐 1752
년 우의정이 되어 『천의소감闡義
昭鑑』의 편찬을 주장하였다.

는 기본 조건이었다. 영조가 남명과 같은 인물을 얻을 수 없음을
한탄하였던 이유가 무엇이겠는가. 물론 남명의 삶과 학문에 있었
겠지만 무엇보다 그의 기질에 있다고 볼 수 있겠다.

남명은 은거의 삶을 일관되게 살았으나 그가 지키고자 한 뜻
만은 결코 숨기지 않았다. 비록 깊은 산중에 있었으나 올곧은 정
신과 기개는 늘 세상을 바라보며 소통하고 있었다. 그의 뜻을 끝
까지 펼 수는 없었지만 조선의 언로 진작에 큰 힘이 된 것만은
분명하다. 결국 열린사회는 언로가 유지되는 사회라는 점에서 남
명의 기절과 이를 바탕으로 한 상소 활동은 매우 주목되는 대목
이라 하겠다.

3. 치국을 위한 남명의 제언

오늘날 우리는 위기의 시대를 살아가고 있다. 이럴 때는 현실을 직시하고 이를 어떻게 수습할 것인지를 모색하는 것이 무엇보다 시급하다. 남명은 이러한 '구급救急'의식을 통해 이 상황을 극복해야 한다고 했다. 안일에 빠진 당대의 관료를 맹렬히 비판한 것도 이 때문이었다. 특히 정치 지도자일 경우는 이러한 구급의식을 철저히 함으로써 현실적 대안을 제시하고 이를 통해 정의롭고 공정한 사회를 만들 책임이 있다. 정의롭고 공정한 사회란 부조리가 없이 자신이 원하는 것을 마음껏 펼칠 수 있는 사회를 말한다. 즉 상식에 기반한 예상 가능한 사회이다. 이러한 사회를 만들기 위해서는 무엇보다 현명한 인재를 등용하여 그로 하여금 공도公道에 입각한 정치를 펼칠 수 있도록 해야 할 것이다. 용인用人은 치국의 알파요 오메가다.

1) 공정한 사회 만들기

① 우리에게는 '구급救急'의식이 필요하다

흔히 위기가 곧 기회라고 말한다. 지금 우리는 위기의 시대를 살고 있다. 사회 곳곳에 나타나는 병폐와 모순을 보면 이를 알수 있다. 그런데 정작 이를 인식하고 대처해야 할 우리들은 여기에 무감각하다. 먹고 사는 일에 급급한 나머지 주위를 둘러볼 겨

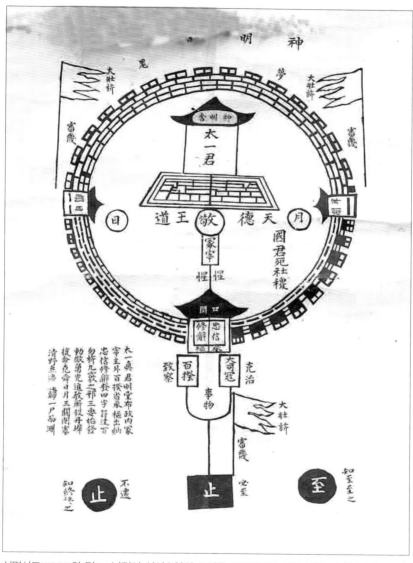

신명사도神明舍圖와 명銘 : 남명이 심성수양의 요체를 도표화하고 명을 지은 것 「신명사도 · 명」
이다. 경敬을 통해 존양存養하고, 의義를 척도로 성찰省察하며, 사욕을 극복해 물리쳐서 지선至
善의 경지에 이르는 과정을 나타내고 있다.

를이 없을 수도 있겠지만, 이러한 의식이 없다면 시대의 위기를 현명히 대처할 수 있는 능력은 물론 그것을 바꿀 수 있는 기회 또한 상실하게 된다.

남명은 당대 현실을 총체적 위기로 진단했다. 이는 빈 말이 아니었다. 실제로 16세기는 위기 상황이었다. 사화와 외침만이 난무했던 정치현실, 유망과 민란으로 황폐화된 민생, 성리학의 공론화 등이 모두 그러했다. 그러나 정작 나라에서는 이를 심각하게 생각하지 않았다. 이에 대해 남명은 다음과 같이 비판했다.

「정왜기공도병征倭紀功圖屛」: 정유재란 당시 1598년(9-10월)에 있었던 순천왜성전투, 노량해전 등의 전쟁장면을 명나라 수군진영의 화가가 그린 것이다.

전하의 나라 일은 이미 잘못되었습니다. 나라의 근본이 이미 망해가고, 하늘의 뜻이 벌써 떠났으며, 민심도 이미 흩어졌습니다. 비유컨대 백 년 된 큰 나무가 속은 벌레가 다 파먹고 진액도 다 말랐는데 망연히 회오리바람과 사나운 비가 또 언제 닥쳐올지를 알지 못하게 된 지가 오래인 것과 같습니다. 조정에 있는 사람 가운데 충성되고 뜻 있는 신하와 일찍 일어나 밤늦도록 공부하는 신하가 없지는 않습니다. 하지만 이미 그 형세가 극도에 달하여 지탱할 수 없고 사방을 둘러보아도 손쓸 곳이 없습니다.

남명은 당대의 위기 상황을 썩은 나무에 비유하여 그 상황이 얼마나 심각한지를 보여주고 있다. 여기에서 제시한 '회오리바람'과 '사나운 비'는 더욱 험난한 상황이 올 것을 예상한 것이다. 이를 좀 더 구체적으로 언급한 것이 다음의 글이다.

청컨대, '구급救急' 두 글자로써 나라를 부흥시키는 한 마디로 삼아 제가 몸을 바치는 일을 대신하고자 합니다. 엎드려 살피건대, 나라의 근본이 쪼개지고 무너져서 물이 끓는 듯 불이 타는 듯하고, 여러 신하들은 황폐하여 시동과 허수아비 같습니다. 기강이 탕진되었으며, 원기가 이미 다하고, 예의를 모두 쓸어버린 듯하고, 형정刑政이 모두 어지러워졌습니다. 선비의 습속이 모두 허물어졌고, 공도가 모두 없어졌으며, 사람을 쓰고 버리는 것이 극히 혼란하고, 기근이 모두 갈 데까지 갔고, 창고는 모두 고갈되었으며, 제사가 모두 더럽혀졌고, 세금이 온통 멋대로이고, 변경의 방어가 모두 텅비게 되었습니다. 뇌물을 주고받음이 극도에 달했고, 남을 헐뜯고 이기려는 풍조가 극도에 달했고, 원통함이 극도에 달했으며, 사치도 극도에 달했고, 공헌이 통하지 않고, 이적夷狄이 업신여겨 쳐들어오니, 온갖 병통이 급하게 되어 천의天意와 인사人事도 또한 예측할 길이 없게 되었습니다.

그는 앞서 썩은 나무에 비유했던 당대의 위기를 '구급'이라고 표현했다. 신하들은 뇌물을 받고 조세 제도를 남용하며, 형벌의 적용에도 일정한 기준이 없었다. 사회풍조도 공중도덕이 무너지고 남을 헐뜯거나 제사가 더럽혀졌고, 사치가 극도에 달했다. 이렇듯 국정의 실무를 담당하는 신하들의 문란과 이로 인한 퇴폐적 사회풍조는 나라의 기강을 무너뜨리게 한다고 보았다.

이러한 위기의식을 전제로 현실을 냉정하고 객관적인 태도로 진단해야 이를 수습할 수 있는 길도 열린다. 남명이 궁극적으로 의도했던 것도 바로 여기에 있었다. 실제로 그는 이러한 진단에 대한 다양한 구급책을 내놓기도 했다.

우리 사회에도 위기 인식이 필요하다. 특히 최근 들어 무수히 일어나는 사회의 불안 증후들, 세월호 참사를 비롯해 군부대의 집단 구타로 인한 살인 사건, 상상하기 힘든 엽기적 행위 들이 지금도 일어나고 있다. 이러는 사이에 공공의 선은 날로 훼손되고, 시민이 부담해야 할 경제적 손실은 물론 목숨까지도 담보해야 할 상황에 이르고 있다. 안민에 힘써야 할 정치권은 자신의 집권에만 골몰하고 있으니 지금의 사태가 어떠한지를 알 길이 없다. 정작 관심이 있는지조차 의문스러울 정도이다.

이제 우리도 차분히 되돌아봐야 한다. 남명이 구급을 외치며 현실을 직시하라고 했듯이 우리도 지금 현실을 정확히 진단해야 한다. 그리고 위기의식을 가져야 한다. 이 위기에 대한 치밀한 의식만이 나라를 온전히 보전할 수 있는 길임을 인식해야 한다. 그러기 위해서는 시급히 해야 할 것이 있다. 바로 이 시대가 위기적 상황임을 의식하고 자신의 자리에서 맡은 일을 묵묵히 하면서도 철저하게 실천하는 자세이다. 결국 위기에 대한 해결은 실천에 있으며, 그 중심에는 사회에 대한 개인의 자각이 있다.

② 남명이 그리던 정의롭고 공정한 사회를 꿈꾸다

지금 우리는 하루가 멀다 하고 벌어지는 수많은 비리, 부패에 연루된 정치인과 기업가들을 접하고 있다. 그럴 때마다 과연 그들에게 무엇을 바랄 수 있는가 하는 생각이 든다. 이러한 기대감이 사라진다면 그들을 바라보는 우리들의 시선 또한 진정성이 사라질 것이다.

그렇다면 정의롭고 공정한 사회가 되기 위해서는 무엇이 중요한가. 무엇보다 부조리가 없어야 한다. 중소기업에 대한 대기업의 횡포에서, 일류 대학만을 선호하는 학부모와 그 수험생들에게서 부조리는 양산된다. 남명은 위기적 상황에서 가장 중요한 것은 통치자의 마음과 역할이라고 생각했다. 이러한 부조리가 싹트지 않도록 노력하는 통치자의 자세가 긴요하다는 것이다. 그 예로 남명은 인재 등용의 부조리를 우선적으로 들었다. 인재 등용의 문제는 피폐된 백성들의 삶을 회복하는 것과 직결되는 문제이기에 중요하지 않을 수 없었다.

> 아직까지 황종黃琮, 한 자쯤 되는 땅에 나아가서 하늘의 해와 같은 은혜에 사례 드리지 못하는 것은, 임금이 사람을 쓰는 것이 목수가 나무를 쓰는 것과 같다고 생각해서입니다. 깊은 산과 커다란 못 어느 곳에 있는 것이든 재목을 버려두지 않고 그것을 가져다가 커다란 집을 짓는 일을 이룩하는 것은 훌륭한 목수가 하는 것이지

나무가 스스로 참여할 수 없는 일인 것입니다.

그는 주로 인재를 나무에 비유하여 그 중요성을 역설한다. 즉 만일 그 사람이 인재라면 비록 과거를 거치지 않더라도 훌륭히 그 역할을 해 낼 수 있다는 것이다. 문제는 나무가 스스로 집을 지을 수 없듯이 그러한 인재를 알아 적재적소에 쓸 줄 아는 자가 있어야 한다는 것이다. 그는 군주를 목수에 빗대어, 군주의 가장 큰 임무는 바로 이러한 인재를 제대로 쓰는 데 있다고 강조한다. 그런데 군주는 말로는 인재를 찾는다지만 실제로는 그렇지 않는 것을 들어 비판하고 있다.

폐단을 버려두고 구제하지 않으면서 한갓 헛된 이름만을 일삼고 의론만 독실한 사람을 따르고 있습니다. 아울러 산야에 버려진 사람을 찾아 어진 이를 구한다는 아름다운 이름만을 일삼으려 하는데, 헛된 이름으로는 실질적인 어려움을 구제할 수 없습니다. 이는 마치 그림의 떡으로 굶주림을 구제하지 못하는 것과 같으니, 발 등에 떨어진 급한 일을 구제하는 데에는 전혀 보탬이 안 됩니다.

남명은 군주에게 당대의 다양한 폐단부터 구제할 뜻을 세우고 산야에 버려진 어진 이를 구하라고 하였다. 여기서 폐단이란 민의 곤폐를 중심으로 한 위기의 현실을 말한다. 사정이 이러한데 군주는 이를 구제할 생각을 급히 하지 않고 어진 이를 구한다는 명분만을 내세우고 있으니 안타까운 노릇이라는 것이다. 그러니 능력이 있음에도 제대로 쓰이지 못하는 인재가 많을 수밖에 없다.

남명은 대한제국의 개혁 논의 과정에서도 언급되고 있다. 1904년(고종 41) 3월에 원수부군무국총장元帥府軍務局總長 신기선申箕善이 사직하며 올린 상소에서 비록 나라가 위급하나 아직 망한 것은 아니니, 폐단의 근원을 없애 내정을 바로잡아야 한다고 했다. 이어 나라가 흥하고 망하는 것은 인사에 달린 문제라고 하면서 남명의 말로써 그가 주장하는 바에 대한 명분을 얻고자 했다. 이처럼 남명은 위

신기선申箕善(1851-1909) : 1894년 갑오개혁으로 등용되었다. 김홍집金弘集 내각에서 공부工部를 거쳐 내부·법부·학부대신을 역임하였고, 참정參政에 이르렀다.

기의 시대마다 건강한 나라, 바른 사회를 위한 하나의 등불과 같은 존재로 기억되었던 것이다.

2) 정도正道의 정치 구현

① 오늘날의 정치에는 '정치政治'가 부재한다

정치란 무엇인가. 너무 거창한 답을 요구하는 것은 아니다. 상식적인 차원에서 정치란 무엇인가 하는 점이다. 이에 대한 하나의 실마리를 최근에 이슈가 되었던 <정도전>이라는 드라마에서 짤막하면서도 간결한 언급에서 찾을 수 있다. 정몽주 역할을 맡

은 임호라는 배우가 이렇게 말한다. "힘없는 백성들이 기댈 곳은 미우나 고우나 정치뿐입니다." 모든 권력이 국민으로부터 나온다. 하지만 현실에서 그런 국민들의 생활을 지배하는 것 또한 정치이다. 이렇게 우리가 살아가는 많은 일들이 정치와 무관할 수 없는 것이라면, 이에 대한 무관심은 참으로 위험하고도 무책임한 것일 수 있다.

그렇다면 우리는 왜 정치에 무관심해졌는가. 그 이유는 바로 오늘날 정치에는 '정치'가 없기 때문이다. 즉 정치가 함축하고 있는 진정한 의미의 정치가 사라졌다는 말이다. 정치의 '정政'은 '바르다[正]'는 말과 '치다[攵]'란 말이 합해진 것으로 바름을 얻기 위해 바르지 않은 것을 친다는 의미를 함축한다. '치治'는 '물[水]'과 '건축[台]'이란 말이 합해진 것으로 물의 넘침을 잘 수습하다는 의미를 함축한다. 이렇게 의미를 새겨본다면 정치란 남을 억압하거나 지배한다는 것이 아닌 남의 부족한 부분을 도와 바르게 한다는 의미가 강하다.

그런 점에서 옛날 선비들은 수기치인修己治人을 목표로 했다. 수기치인이란 자신을 수양함으로써 이를 통해 여러 사람들, 사회 전체에 구현한다는 의미이다. 선비들은 무엇보다 자신을 성찰하여 마음이 바르고 완전해지지 않으면 정치에 나아가지 않았다. 그것은 먼저 자신이 올바르게 된 후, 그것을 더욱 확장하여 남을 어긋나지 않고 바르게 인도할 수 있다고 여겼기 때문이다. 만약 부득이 하게 나아갈 경우는 백성들이 편안히 지낼 수 있도록 자신이 맡은 바에 최선을 다하는 자세를 견지했다.

그러나 지금의 정치는 어떠한가. 우선 정치 후보자들 중 올바른 인성을 갖고 있지 않은 인물들이 다수이며 그런 사람들이 선거에 뛰어드는 것은 대개 권력에 대한 이욕이 크기 때문이다. 그러니 선거철만 되면 허리를 굽혀 자신의 겸양과 능력을 과대 포장하며 국민의 동의를 구하지만 그 권력을 얻고 나면 언제 그랬냐는 듯이 돌아선다. 자신이 가진 권력이 어디에서부터 온 것인지는 중요하지 않다. 이제부터 누리게 될 자신의 권리와 이를 유지하기 위한 권력 행사만이 필요할 뿐이다.

그런 사람들이 하는 정치란 불을 보듯 뻔하다. 가장 중요한 국민을 보호하거나 그들의 권리가 정치에 잘 반영될 수 있도록 하기는커녕 오히려 이들을 억압하고 탄압하는 권력의 기제로 되돌아온다. 이런 정치란 존재할 이유가 없다. 다만 정치가 인간의 삶과 밀접하게 연관된 것이라면 이러한 가혹한 정치를 바른 정치로 변모시켜야 할 책임도 우리에게 있다고 하겠다. 그렇다면 우리는 어떤 정치를 실현해야 하는가. 그 해답을 남명의 정치관에서 찾아보기로 하자.

② 인정仁政에 의한 왕도정치를 꿈꾸다

남명은 인정에 의한 왕도정치를 꿈꾸었다. 왕도정치란 인의의 덕이 안으로 충실하여 선정으로 나타나는 경우를 말한다. 흔히 패도정치의 반대 의미로 사용되는데, 도덕적 지도와 교육으로 백성을 다스리는 것이 바로 왕도정치이다. 이를 잘 나타낸 것이 바로 「행단기杏壇記」이다. 이 글은 남명이 공자와 안연, 자로를 등장시켜 장문중이 행단을 쌓았던 내력과 정치의 득실을 나타낸 것으로, 왕도정치가 실현되지 않은 상황을 우언 형식으로 표현한 것이다. 그 중에 왕도정치를 주장한 부분을 보면 다음과 같다.

> 문중은 여기에서 희생의 말을 잡아 놓고 여기에서 군대 문제를 맹약하면서 동맹국의 민중들에게 위엄을 부렸지만, 동주東周의 운수를 돌리지도 못했고 여러 오랑캐의 침략을 늦추지도 못했다. …… 이 단壇에서 군대 문제를 의논했던 사람은 장대부臧大夫인데 한 나라의 대부에 불과하였고, 규구葵丘에서의 맹약에 비해 도리어 부끄러운 점이 있으며, 이 단에서 도학을 강론하였던 분은 우리 선생이신데 천하의 성인이 되셨으니, 어찌 서백西伯이 추구하려 했던 일에 대한 유공자가 아니겠는가. 같은 단 위에서 일을 했지만 의리와 이익의 서로 같지 않음은 하늘과 땅만큼의 차이가 있다.

장문중의 패도정치와 공자의 왕도정치를 대비시켜 왕도정치를 주장한 부분이다. 곧 장문중은 행단에서 군사 문제에 대하여 맹약하고 동맹국의 민중들을 위압하였지만 국운이 쇠한 주나라의 운수를 바꾸어 놓지 못했다는 것이다. 또한 장문중은 단에서 군사 문제를 논의하였으나 일개의 대부에 지나지 않는데 비해 공자는 단에서 도의를 강론하여 천하의 성인이 되었다는 것이다. 이 같은 하늘과 땅의 차이는 바로 리利와 의義의 차이에 있다고 보았다. 이를 통해 우리는 문왕文王이 꾀했던 왕도정치가 공자에 의해 공이 드러났으며, 이 땅에도 인의를 기반으로 한 왕도정치가 실행되어야 한다는 남명의 생각을 분명하게 읽을 수 있다.

그런데 이러한 인의는 결국 임금의 마음에서 비롯됨을 간과할 수 없다. 그렇다면 이는 임금의 마음공부가 그만큼 중요함을 나타낸 것이다. 1419년 3월 경연에서 『대학연의大學衍義』를 강론하려고 하자, 세종은 다 읽었지만 또 읽고 싶다고 했다. 이에 동지경연同知經筵 이지강李之剛(1363-1427)도 거듭 읽고 숙독熟讀하는 것이 성의공부誠意工夫를 다하는 것이라고 했다. 한편 문종은 마음을 다스리는 공부법은 정심공부라고 했으며 성종대 경연에서도 "독서는 다만 지상紙上의 공부이니 모름지기 심상心上의 공부를 하는 것만 같지 못하다. 그렇기 때문에 학문의 근원은 정심에 있으며, 마음을 바르게 하고자 하면 마땅히 경을 주장으로 삼아야 한다."라고 하여 임금이 심상 공부에 힘써야 인사에서 소인배를 물리치고 군자를 등용하는 치세를 얻을 것이라고 했다.

임금은 대신들의 소리에 귀 기울여 조금이라도 정사에 잘못이 없도록 하는 데 주의했다. 특히 측근에 의한 정치가 가장 문젯거리였던 만큼 이들에 휘둘리지 않도록 경계했다. 만일 이들로 인해 오만과 독단에 빠진다면 사태를 올바로 인식할 수 없기 때문이다.

남명 역시 이에 대한 깊은 우려를 표했다. 남명의 비문에서 김우옹은 『예기』「유행儒行」편에 나오는 "선비는 위로 천자의 신하가 되지 아니 하고, 아래로 제후를 섬기지 아니 한다."라는 말에 빗대어 훈척勳戚이 나라의 정치를 잘못하여 백성이 어려움을 겪는 것에 대한 탄식이 끊이지 않았다고 한다. 그러니 지도자가 그것을 제어하느냐, 그렇지 못하느냐에 따라 그 나라의 정치가 결정되는 것이다. 바로 이러한 점에서 지도자의 마음공부가 중요한 것이다.

남명은 임금의 공부법 중 본심을 보존하고 밖으로 자신의 행동을 살피는 가장 큰 공부는 반드시 경敬을 위주로 해야 한다고 했다. 또 경敬을 주로 하지 않으면 이 마음을 보존할 수 없고, 마음을 보존하지 못하면 천하 이치를 궁구窮究할 수 없으며, 이치를 궁구하지 못하면 사물의 변화를 다스릴 수 없다고 했다. 동서고금을 막론하고 인간의 마음만큼 변덕이 심한 것도 없음을 너무나 잘 인식하고 있었던 것이다.

이렇게 남명이 주장했던 정치 형태는 왕도정치였다. 특히 맹자가 공자의 극기복례克己復禮만으로는 천하를 구제할 수 없는 것으로 판단한 나머지 왕도를 부르짖어 패도를 물리침으로써 무도한 왕은 방벌放伐해야 한다고 주장한 것을 적극적으로 받아들였다. 이는 그가 난세에 나타날 새로운 군자에 대한 기대와 더불어 혼란이 극심했던 당시 사회에서 정의를 갈파하며 적극적으로 난국을 극복해야 한다는 강한 의지를 지니고 있었음을 보여준다. 이러한 입장에서 그는 외치外治보다는 내치內治를 우선으로 해야 한다고 주장했다. 내치를 바로 하게 되면 외치는 자연스레 이루어진다는 입장이었다. 그런 점에서 그는 내치의 가장 중요한 것으로 국정의 문란과 관리의 횡포를 강력하게 비판했다. 특히 그는 서리의 폐단이 백성을 더욱 괴롭히고 있었기에 간리가 나라를 망친다고 극언했다. 이는 그가 단천군수로 부임한 아버지를 따라 관아에 머물면서 아전의 횡포와 백성의 곤궁한 사정 등을 직접 목도한 데에서 비롯되었다.

4. 남명이 추구하는 인간상

우리 사회에 만연한 온갖 비리와 부패는 현대인들이 공존의식의 부재에 따른 이기주의와 물질만능주의 늪에 빠져든 결과이다. 이는 미래를 위해 가장 중요한 교육 현장에서도 마찬가지이다. 입시 위주의 지식 습득에 내몰리는 현재의 교육 현장은 우울을 넘어 참담한 실정이다. 해마다 증가하는 청소년의 비리와 탈선, 그리고 자살은 대부분 이와 관련이 있다고 해도 과언이 아니다. 여기서 우리는 남명의 목소리에 주목한다. 그는 바른 인성을 지닌 인간을 가장 중시하였고, 앎은 실천과 결부될 때 완성된다고 생각했다. 이러한 남명의 생각은 오늘날 우리 시대에 있어서도 여전히 유효하다. 그는 인성이 바른 사람이 행복하게 사는 사회, 실천하는 지식인이 평가받는 그런 사회를 꿈꾸었던 것이다.

지리산智異山 천왕봉天王峯 : 남명은 그의 기상을 천왕봉에 걸고자 했다.

1) 인성이 올바른 인간

① 오늘날 교육 환경에서는 올바른 인성을 가진 인재를 길러내기 어렵다

나라의 미래라고 하는 청소년들이 지금 병들어가고 있다. 우리 사회에 만연한 물질만능주의, 성장제일주의, 공동체의식 약화 등 사회적 환경 탓도 있겠지만 무엇보다 입시 위주의 지식 교육에서 비롯되었다고 보는 경우가 많다. 명시된 학교 교육의 목표와 내용이 분명히 있음에도 그들에게 우선시되는 것은 진로의 문제였다. 그러다 보니 여기에서 소외된 청소년들은 각종 사건의 표적이 되어 탈선으로 빠지게 된다.

여기에 더욱 문제는 이러한 현실을 떠나 더 나은 환경으로 떠

나는 도피 유학이 늘어나고 있는 점이다. 흔히 '기러기 아빠'라는 사회적 현상은 이를 잘 보여준다. 우리 사회에서 교육은 그 무엇보다 우선한다. 그래서일까? 자식의 교육을 위해 가족이 생이별하는 등 그 어떠한 희생도 감수한다. 이에 더 적극적인 사람들이 사회 지도층들이라는 사실에서 사태의 심각성을 직감할 수 있다.

이러한 지식교육의 한계를 극복하기 위해 인성교육이 중요하게 인식되고 있다. 2012년 교육과정 개정의 방향 또한 교과교육을 통한 프로젝트형 인성교육에 있었다. 이는 지금까지의 지식 중심이 아닌 사례와 실천 중심의 인성교육이 필요하다는 인식에서 비롯되었다. 그만큼 인성교육이 미래 세대의 절실한 문제로 다가오고 있음을 나타낸 것이다. 교육부는 이에 기본 인성덕목의 생활화 교육 실시, 학생 참여와 협력 학습 강화, 인성 중심 학교 문화 조성 등을 주요 추진 계획으로 제시하고 있다.

그런데 여기에는 몇 가지 유의할 점들이 있다. 우선 인성함양에 대한 지속적인 교육이 필요하다. 2012 개정 교육과정에 제시된 교육목표를 보면, 바른 인성의 함양이 초, 중등학교에 국한되어 있다. 물론 고등학생이 되면 인성이 거의 확립되었을 것이라는 점에서 이를 굳이 목표로 설정할 필요는 없어 보이기도 한다. 다만 이것이 초, 중등학교에서 이러한 인성교육이 바르게 행해졌을 때에 가능한 말이다. 그러나 실제로 이러한 교육 목표를 충실히 이행하고 있는 곳은 그리 많지 않다. 설사 있다 하더라도 방과 후 활동 형식으로 명목만 유지하는 채 눈 가리고 아웅하는 식으로 이루어지고 있는 실정이다.

오늘날 우리는 다양한 지식에 둘러싸여 있다. 마치 그것을 모조리 흡수라도 해야 하는 듯한 강박관념에 사로잡힌 채 살아가고 있다. 그러한 가운데 주체적이고 성실한 삶의 태도와 바른 마음으로 집중하기, 사회 정의 올바르게 실천하기를 기대하기란 쉽지 않다. 그런 점에서 바른 인성 함양은 이러한 실천에 근거한다는 점에서 매우 중요한 의미를 갖는다.

② 남명은 인성이 바른 사람이 행복하게 사는 세상을 꿈꾸었다

남명이 꿈꾸는 세상은 인성이 바른 인간이 자신의 뜻을 펼칠 수 있는 세상이었다. 그러기 위해서는 무엇보다 올바른 인성의 함양이 이루어져야 한다. 인성의 바름은 마음공부로써 가능한 것이니, 실천의 올바름이란 결국 마음공부를 통해 이룰 수 있다고 했다. 그 마음공부란 경의로, 경을 통해 내면을 충실히 함으로써 자연스럽게 의가 드러나도록 하는 것이었다.

남명은 당대의 지식인들을 비판하기를 "습성이 투박해져서 이욕이 드러나고 의리가 상실되었다."라고 하며 "겉으로는 도학을 내세우지만 안으로 사리를 품어 시세를 따라 명성을 취한 이가 세상에 만연한지라 심술을 무너뜨리고 세도를 그르침이 어찌 단지 홍수와 같은 이단뿐이겠는가?"라고 탄식했다. 인재를 살필 때에도 그는 이러한 인성을 매우 중요하게 생각했다. 어떤 신진 소

년이 청반에 올라 명성이 있
었는데 남명이 한 번 보고 사
람들에게 "그 재주를 믿고 스
스로 뽐내며 기세를 부려 사
람 대하는 것을 보니 뒷날 어
질고 능한 이를 해치는 일이
반드시 그 사람에서 비롯될
것이다."라고 말하였다. 또한
어떤 선비가 글재주는 있으나
과거에는 급제하지 못했는데,
남명이 하루는 모임에서 우연

서당도書堂圖 : 김홍도金弘道(1745-?)의 조선 후기 풍
속화이며 보물 527호이다.

히 그를 보고 "내 그 사람의 미간을 살펴보고 그 사람됨을 짐작
컨대 외모는 비록 호탕하나 마음에 남을 해칠 뜻을 품었으니 만
일 벼슬을 얻어 심술을 부리면 선인들이 위태할 것이다."라고 말
하기도 했다.

　이처럼 사람에게 무엇보다 중요한 것은 인성의 바름이었다. 인
간이기에 사욕이 없을 수 없지만 그것을 없애거나 일어나지 않
도록 하는 것이 무엇보다 중요한데, 거기에는 자신의 강한 의지
가 동반되어야 한다. 즉 "배를 가라앉히고 솥을 깨어버리며 막사
를 불태우고 3일의 양식만 지니고서 죽어도 돌아오지 않겠다는
각오를 보여야 하니 반드시 이와 같이 사욕을 섬멸해야 내 마음
에 모름지기 한마汗馬의 공이 있다고 이야기할 수 있다."라고 할

정도라야 하는 것이다.

특히 그 인물이 정치에 종사하는 사람이라면 더욱 그러하다. 그로 인해 나라가 위태로워지고 이는 결국 국민의 삶을 피폐하게 만드는 것이기 때문이다. 그러니 큰 뜻을 품은 사람이라면 마음공부를 소홀히 할 수 없는 것이라고 했다. 그는 임금에게조차 "인군의 학문은 다스림을 내는 근원이고 학문은 마음으로 체득함이 제일 귀합니다. 마음으로 체득하면 천하의 이치를 궁구할 수 있고 사물의 변화에 대응할 수 있어 만 가지 기미를 모두 잡아 스스로 무사할 것이니 그 노력은 단지 경敬에 있을 뿐입니다." 라고 강조했던 것이다.

2) 지행을 함께 하는 인간

① 우리는 실천이 상실된 시대에 살고 있다

이제 지식서비스 산업이 하나의 새로운 업종으로 자리 잡아가고 있다. 말하자면 지식을 생산하는 주체가 이제 대중에게까지 확대된 웹 2.0의 시대가 된 것이다. 일방적이었던 전통적인 지식인상이 이제 대중과 소통하는 차원을 넘어서, 대중에 의해 생산된 지식을 소비할 수도 있는 시대가 되었다. 이러한 시대에 지식인은 과연 무엇을 통해서 자신의 존재성을 확인할 수 있을까? 지식을 서비스하는 사람이 곧 지식인이라고 할 수 있을까?

일찍이 주희는 지행병진知行並進을, 왕수인은 지행합일知行合一을 주장했다. 지행병진은 지식과 실천이 함께 나아가야 하는데 지식이 선행한다는 것이고, 지행합일은 이 둘은 원래 하나이기 때문에 선후를 따지는 것은 성립되지 않는다고 보는 것이다. 의도와 입장은 약간 다르지만 실천은 지식과 함께 해야 한다는 생각에는 근본적으로 일치한다.

그런데 우리가 무엇을 실천한다는 것은 그것을 알기 때문이지만, 무엇을 안다고 해서 반드시 실천을 동반하는 것은 아니다. 이 실천의 부재가 요즘 들어서 심각한 문제로 인식되고 있다. 비근한 예로 공무원에게 가장 중요하게 요구되는 것은 청렴함이다. 이를 당사자들도 모르지 않는다. 그런데도 공무원들의 각종 비리가 끊이지 않고 있는 것은 무엇 때문인가. 이는 분명히 알고도 실천하지 않는 것이다. 그렇다면 이러한 앎이 무슨 소용이 있는지 의문이 든다.

오늘날 인터넷을 통해 얻을 수 없는 정보는 거의 없다. 마음만 먹으면 얼마든지 다양한 정보는 물론 고급의 지식을 습득할 수 있다. 다만 그러한 지식을 아무리 많이 얻는다고, 그리고 입으로만 뻥긋한다고 해서 그것이 무슨 소용이 있는가. 행동으로 드러나지 않는 앎이란 단지 허울뿐이지 않겠는가 하는 것이다.

어쩌면 이러한 우리의 태도가 사회를, 국가를 병들게 만들 수도 있다. 특히 그들이 사회의 지도층에 있는 사람이나 지식인이라면 상황은 더욱 심각해진다. 그들의 허울뿐인 발언은 평범한

한 사람의 말과는 다른 파급 효과를 갖기 때문이다. 그들의 말 한 마디에 많은 국민들의 안위가 보존되거나 위협받을 수 있으며 또한 국민들에게 희망을 주거나 절망을 주는 것도 가능할 것이다. 물론 이러한 상황이 지속된다면 모든 사람들이 더 이상 그의 말을 순순히 믿지 않을 것이다. 우리는 기억하고 있다. 세월호 참사를 통해 책임 있는 자세를 보여주어야 할 사람들이 자신의 편의에 따라 말을 바꾸는 것을! 거기에 어떠한 신뢰가 존재할 수 있겠는가.

② 실천력을 확보하지 못한 지식은 무용하다

과거에도 그랬고 오늘날에도 지식인에게 무엇보다 필요한 것은 지식이 아닌 실천이었다. 그런데 시대가 바뀌면서 이러한 실천의 문제보다는 지식, 그 지식의 양과 질에 따라 평가하는 경향이 생기게 되었다. 물론 지식이 중요하지 않다는 것은 아니다. 그 지식이 실천을 전제로 하지 않는다면 무슨 의미가 있는가 하는 점이다. 최근 이 땅을 방문한 프란치스코 교황은 "올바른 정신적 가치와 문화를 짓누르는 물질주의의 유혹에 맞서, 이기주의와 분열을 일으키는 무한 경쟁의 사조에 맞서 싸우기를 빕니다." 라고 했다. 직접적인 언급은 아니라 하더라도 정신적 가치와 문화를 이끌 사람이 지식인이라는 점에서, 이는 지식인의 역할이 시대의 성찰과 실천에 있음을 말한 것이라 할 수 있다.

우리의 전통적인 지식인에게 학문과 실천은 빼놓을 수 없는 중요한 기본 덕목이다. 특히 남명은 학문이 실천을 바탕으로 삼아야 함을 잊지 말도록 당부했다. 제자들을 가르칠 때도 책을 놓고 강론하지 않았다는 데에서도 이를 알 수 있다. 그는 곧 제자에게 필요한 것은 오직 실천이며, 그 실천은 현실에 보다 밀착된 것이어야 한다고 강조했다.

> 지금의 학자들이 지극히 가까운 것은 버리고 높고 먼 것만을 쫓으니 병통이 적을 뿐만 아니다. 학문이란 처음부터 부모를 섬기고 형을 공경하며 어른에게 공손하고 어린이를 사랑하는 사이에서 벗어나지 않는다. 만일 여기에 힘쓰지 않고 갑자기 성명의 오묘함을 궁구하고자 하면 이것은 인사 상에서 천리를 구하는 것이 아니니 결국 실지로 얻음이 없을 것이다.

남명이 강조한 이러한 실천 중시의 태도는 오늘날 현대 사회에 매우 중요한 가치로 주목되어야 한다. 21세기 과학기술의 성과물은 인간이 자신과 자신을 둘러싼 세계에 대한 지적 활동의 결과물이다. 인간이 이룩해 낸 지적 성과물로서 과학은 절대적 진리가 아니라 우리가 어느 한 때 터득한 세계에 대한 이해일 뿐이다. 바꾸어 말해서 오늘날 인간의 이해능력이 이룩해 낸 지적 세계의 상대적 진리에 불과하다. 그렇지만 그 눈부신 성과물로 인해서 인간은 때때로 진리의 세계를 오도하는 잘못을 범하기도 한다. 결국 한 사회에서 지식인의 역할은 자신과 자신을 둘러싼 세계에 대한 이해 능력의 배가를 위한 끊임없는 인식론적 노력과 실천이 뒤따라야 함을 말해 주는 것이다.

이러한 실천이 절실히 요구되는 이가 바로 정치인들이다. 남명은 사회적 위기의 가장 큰 원인이 정치인에게 있다고 말하였다. 지금도 이 말은 유효하다. 국민들의 의사를 대변해야 할 사람들이 이와는 무관한 정당이나 자신의 이익을 챙기기에 여념이 없거나 각종 비리에 연루되는 것을 흔히 볼 수 있기 때문이다. 그들에게 우리가 진정 바라는 열린 정치를 기대할 수 있을까?

공자의 주유천하周遊天下 석각 : 중국 곡부 논어비원에 새겨져 있다.

오늘날 정치인에게 요구되는 것은 도리를 알고 이를 실천하는 인물이 되기를 바라는 것이다. 최소한 도리를 안다면 정치권에 부림을 당하지 않을 것이기 때문이다. 이를 위해 필요한 것은 바로 자신의 인격적 완성을 위해 끊임없이 노력하는 것이다. 물론 이러한 덕성이 하루아침에 이루어질 수 있는 것은 아니다. 평생을 두고 자신의 내면적 완성에 힘쓰며, 이웃을 위함은 물론 세상 사람을 위하는 일을 실천에 옮겨야 한다.

2천 5백 년 전에 공자는 제자 공석애公晳哀를 두고서 "천하의 선비들은 도리를 제대로 행하지 않고도 대부분 가신家臣이 되어 도읍都邑에서 벼슬살이를 하고 있는데, 오직 계차에게만은 이런 일이 없었다."라고 말했다. 자신의 도리를 다 하는 사람이 얼마나 될지는 알 수 없으나 최소한 나라의 일을 맡은 정치인에게는 이러한 덕목이 더 없이 중요한 것이다. 따라서 자신의 정치적 정당성을 얻고자 한다면 바로 이에 힘써야 하지 않을까 한다.

남명은 자신의 가치를 세상에 드러내어 인정받기보다는 자신의 인격적 완성을 바탕으로 사회적 책임을 다 하고자 하였다. 이 것이 현실 정치에 나아가 경륜을 펼치지는 못했지만 선비가 세상에 책임져야 할 직능이라고 보았던 것이다. 우리가 바라는 정치는 남명이 몸소 보여준 바로 이러한 모습이 아닐까 한다. 앎이 실천력을 확보하지 못하면, 그 앎은 무용하거나 가치가 없기 때문이다.

제4장

남명학의 현대적 변용

　이 장은 앞서 언급한 남명학이 오늘날 어떻게 변용될 수 있는가에 대해 살펴본 것이다. 우선 현대인의 자아치유와 가족공동체의 복원에서는 현대인의 마음 치유를 통한 사회의 기본 집단인 가족공동체가 가진 치유와 성숙의 공간적 의미를 복원할 수 있음을 말했다. 둘째, 주체적 개방성과 열린사회의 실현에서는 현대 사회의 다양한 변화 속에 '중심자'로서 자신의 주체성을 갖고 맡은 바 직분을 다하며 개방적 사고, 자유와 질서의 균형감각을 키울 수 있어야 한다는 것을 말했다. 셋째, 개성에 입각한 실천주의 교육에서는 오늘날 가장 문제시 되는 청소년의 인성교육과 단순히 앎의 지식이 아닌 실천이 따르는 지식을 강조함으로써 실천적 지식인을 지향해야 함을 보여주었다.

한국선비문화연구원 : 남명의 실천적 학문정신을 이어받아, 우리 시대의 인간다운 삶을 구현하기 위하여 한국선비문화연구원(경남 산청군 시천면 사리 900-42)을 설립하였다.

1. 현대인의 자아치유와 가족공동체의 복원

산천재山天齋에서 바라본 한국선비문화연구원 : 한국선비문화연구원의 설립은 선비문화의 계승발전을 통해 미래의 유학을 새롭게 건설하자는 취지를 갖고 있다. 미래는 전통적 문화 자산을 통해 비로소 근거를 가질 수 있기 때문이다.

남명의 시선은 항상 인간에게 맞춰져 있었다. 따라서 현대사회의 문제와 이에 따른 우리의 불안의식에 대한 남명학적 처방은 인간 마음의 치유, 즉 자아치유에 있다. 우리의 몸과 마음이 진정한 안식과 위로를 받아 주체성을 회복하고, 나아가 적극적으로 현실생활에 임할 수 있다면, 사회를 구성하는 일차적 집단인 가족공동체가 그 고유의 건강성을 회복할 수 있을 것이다. 즉 부부는 상보적이며 분별적 관계를, 부모와 자식은 정성과 공경의 관계를, 형제 및 자매는 우애의 관계를 돈독히 함으로써 가족공동체는 신뢰 속에서 치유와 성숙의 관계를 형성하게 될 것이다. 남명학에서 자아치유가 강조되는 것 역시 우리 모두가 행복해지는 길과 맞닿아 있다.

1) 우울한 현대인을 위한 자아치유

① 현대인의 불안감을 '자아치유'하다

현대인의 불안감에 대한 가장 궁극적인 처방은 바로 '자아치유'이다. 여기서 말하는 '자아치유'란 보다 적극적인 의미에서 자신이 가진 본래의 능력을 발견하고 회복하는 데 목적이 있다. 치유라고 하여 마치 병에 약을 처방하듯이 마음의 상처를 물질적으로, 정신적으로 낫게 하겠다는 것은 아니다. 그것은 임시방편에 지나지 않는다. 보다 궁극적인 처방은 바로 스스로가 그 원인을 이겨내 본래의 모습을 회복하는 것이다.

사실 인간에게 마음은 중요한 부분이다. 신체상에서는 물론 행위에서도 그러하다. 우리가 하는 일들이 모두 마음먹기에 달렸다고 하는 것도 이를 두고 한 말이다. 그러나 이러한 마음을 가장 이해하기 힘든 것 또한 사실이다. 하루에도 몇 번, 아니 지금 이 순간도 내 마음의 동요를 느끼곤 한다. 귀, 눈, 입 등 감각기관을 통해 전해지는 것들이 이러한 동요의 원인을 제공함은 물론이다. 그런데 만약 이러한 감각적 경험들이 내 마음을 마비시켜 버린다면 어떻게 될까? 이에 유혹되어 굴복하면 몰주체성에 빠지게 되니 그는 살아도 이미 죽은 목숨이며 꼭두각시에 지나지 않게 된다.

오늘을 살아가는 우리의 모습을 한번 떠올려 보자. 우리의 감각을 혼란시키는 수많은 세상의 찬란함, 그러나 그 이면에 드리워진 절망과 좌절이 공존하고 있다. 우리는 그 양단에서 출세와 안정을 위해 해바라기처럼 살아가고 있는 것이다. 문제는 그러한 기대가 대개 전자보다는 후자에 머무르는 경우가 많다는 사실이다. 현대인들이 앓고 있는 이 불안감이란 마음의 병도 결국은 그러한 절망의 늪에 빠지지 않기 위한 처절한 몸부림에서 나오는 것이리라.

남명은 그러한 점에서 가장 강력한 치유 방법을 제시하고 있다. 앞서 언급한 『언행총록』에 전하는 남명이 토동兎洞 뇌룡정雷龍亭에 있을 때의 일화는 이를 잘 보여준다. 더럽혀진 오리를 목욕 시켰더니 흰 빛깔의 본바탕이 드러난다는 것에서 인간에 드리워진 인욕의 제거를 통해 본성을 드러낼 수 있다는 것을 말하고 있다. 이는 그가 「원천부原泉賦」에서 만물의 근원이라 했던 성性, 즉 마음의 본성을 잘 보존하고 또한 회복해야 함을 강조한 데에서도 알 수 있다.

용암서원龍巖書院 : 용암서원은 원래 회산서원(향천서원)으로 건립되었고, 1609년(광해군 1)에 '용암龍巖'이라는 이름으로 사액을 받았다.

온갖 이치가 다 본성에 갖춰져 있어, 운용에 따라 모두가 활발해 진다. 필요에 따라 쓰고도 남음이 있음은, 마치 물이 지하에서 솟아 나오는 것과 같다. 작은 덕은 흐르는 냇물 같고 큰 덕은 무궁한 조화를 이루나니, 모두가 근본을 충실히 하는 데서 오는 것이다.

남명이 '칼'의 이미지로 경의공부敬義工夫를 중요시 했던 이유가 바로 여기에 있다. 그는 「신명사도神明舍圖」에서 마음을 '태일 군太一君'이라고 하였는데, 이는 어떤 유혹에도 지켜야 하는 인간의 주재성을 의미한다. 그 주재성을 지키는 것이 바로 경敬이다. 마치 호위무사처럼 마음을 지키고 있는 형상을 보여준다. 그 둘레를 강인한 성城이 둘러싸고 있지만 유혹은 우리의 감각을 통해 언제 안으로 침범할지 모른다. 그래서 경敬은 평온의 상태를 유지하면서도 혹 침범 시에는 이를 대적하고 섬멸하는 역할을 맡는다. 그렇다면 어떻게 할 것인가. 바로 마음의 각성을 통해서 가능하다. 만약 이것이 흐트러지면 더 이상 인간일 수 없게 된다고 했다. 따라서 '경敬'을 철저히 유지하여 이것이 몸을 주재하게 됨으로써 '의義'의 실천은 현실의 극복의지로 구체화될 수 있다.

② 자아치유는 곧 마음의 주체성을 확보하는 것이다

우리 또한 이러한 불안감에서 벗어나기 위해서는 자신의 본체, 즉 '마음의 주재성'을 갖는 것이 필요하다. 인간은 태어날 때부터 이러한 주재적인 마음을 가진 존재였다. 따라서 이러한 마음을 잃지 않기 위해서는 혹 있을 지도 모를 외부의 유혹에 흔들리지 않도록 늘 각성상태를 유지하도록 해야 한다. 여기에는 몸과 마음의 공부를 통해 늘 자신의 모습을 되돌아보는 성찰의 자세를 게을리 하지 않는 것이 요구된다. 그러한 상태일 때만이 자신의 올바른 가치관을 정립할 수 있고 세상에 대한 비판적 시각은 물론 나의 의미를 자각할 수 있는 것이다. 이제 잃어버린 자신의 마음, 즉 마음의 주재성을 찾아야 하지 않겠는가. 세상과 더 당당히 맞설 수 있는 '내'가 되기 위해서 말이다.

최근에 유행하는 힐링healing이 이를 표방하고 있다는 점에서는 자아치유와 다르지 않은 듯 보인다. 다만 그것이 단순히 내 마음의 상처만을 치유할 목적으로 누군가에게 공감을 받거나 자연을 벗하여 사는 것이라면, 순간적 위로나 현실을 도피함으로써 일시적인 만족은 가능할지 모른다. 그러나 근본적으로는 더욱 허약한 나를 만들 뿐이다. 자아치유를 하는 무엇보다 중요한 목적은 세상에 더 당당히 맞설 수 있는 나를 만드는 원동력을 찾고자 하는 데 있다. 현실 속의 나란 존재감을 인식하고 더욱 적극적으로 사회 일원으로 생활하는 것이다. 우리가 지금 추구해야 할 힐링의 진정한 의미 또한 여기서 찾아야 하지 않을까 한다.

지리산智異山 내원사內院寺 계곡 : 진정한 힐링은 세상을 잊어버리고 자연 속으로 도피하는 것이 아니라, 남명이 「청학동」 시에서 인간 세상으로 이어지는 '물'을 중시한 것처럼 참된 삶 살이는 세간世間 속에서 이루어져야 한다.

2) 행복한 가족공동체의 복원

① 가족공동체는 치유의 공간이자 성숙의 공간이다

오늘날 가족공동체 붕괴의 가장 큰 원인은 개인에게 있다. 앞서 살펴본 대로 건강하지 않은 개인이 모여 이루어진 가족공동체가 건강하리라고 기대하는 것은 무리이다. 연쇄적 파장처럼 개인의 몰락은 결국 가족공동체의 붕괴를 초래했다. 가족공동체가 사회를 지탱하는 주춧돌이란 점에서 이는 매우 심각한 문제일 수 있다. 그러나 이러한 위기를 극복한다면 가족공동체는 이 사회를 유지하고 성숙시킬 수 있는 디딤돌이 될 것이란 점도 잊어서는 안 된다.

그렇다고 과거 대가족의 형태로 돌아가자든가 이를 재현하자는 것은 결코 아니다. 지금과 같이 핵가족의 형태가 보편화 되고 더욱 세분화 되었다 하더라도 가족공동체가 가진 고유한 기능은 여전히 존재한다. 다만 그것이 제 기능을 발휘하기 위해서는 지금 가족공동체로서의 바람직한 모습을 재정립하는 것이 필요하다.

가족공동체의 기본은 부부관계로부터 시작된다. 이들의 관계는 남녀의 만남에서 비롯된다. 이 만남은 오늘날 그 성격이 많이 변화되었다. 자유로운 만남과 사랑의 적극적인 표현이 나쁘다고 할 수는 없다. 그러나 여기에는 왜곡된 시선과 모습 또한 공존한다. 만나고 헤어짐이 가벼워진 것은 그렇다 하더라도 만남에 학벌, 직업, 재산 등 많은 현실적 조건들이 뒤따르며 심지어 이를 통해 만남의 등급이 정해져 있다는 것은 놀라운 일이다. 물론 여기에는 책임 또한 방기되고 있다. 이러한 만남이 부부관계로 이어진다면 과연 어떻게 될까? 최근 우리나라의 이혼율이 급격히 증가하고 있음은 결코 우연이 아니다.

부부관계는 '상보적'이면서 '분별적'이어야 한다. 즉 평등이 아닌 상보를, 차별이 아닌 분별을 이루어야 한다. 남녀의 만남은 단순히 욕망의 이끌림이 아닌 새로운 구성체의 이룸이다. 그 자체가 신성한 것이며 엄중한 개인의 책임이 따른다.

남명은 이러한 부부관계를 중시했다. 특히 안방의 내외를 늘 엄숙히 했다고 한다. 여기서 내외는 곧 부부를 말하는 것이니 이들 각각의 안정이 무엇보다 중요하다고 생각했다. 부부가 각자의 위치와 역할을 적절히 해야만 가족공동체가 안정되고 행복할 수 있다고 믿었던 것이다. 물론 이러한 역할만을 너무 강조하다 보면 오늘날 부부간에 있어야 할 애정 표현에 인색할 수 있다. 반면 이러한 지나침이 부부의 분별과 역할을 희석시킬 수도 있다. 그래서 그의 『언행록』에서는 오늘날처럼 부부 간에 살뜰한 정은 표현할 수 없었다 하더라도 은의恩義를 끊지는 않았다고 전한다.

오늘날 부부의 문제는 지난 시대의 차별에 의한 억눌렸던 원성들이 평등만을 지나치게 강조한 나머지 왜곡된 시선들의 개입으로 발생하는 경우가 많다. 당연히 부부는 애정의 관계이고 삶을 공유하는 동반의 관계이다. 그들에게 필요한 것은 남편은 남편으로서, 아내는 아내로서의 역할에 따른 분별을 지키되 서로를 애정과 이해로써 대하려는 자세이다.

② 부모와 자식, 자애로움과 공경으로 다시 만나다

부부관계는 자식을 낳음으로써 확대된다. 그러나 오늘날 자식을 낳지 않으려는 부부들이 늘어나고 있는 실정이다. 생활의 어려움이 그렇게 만들고 있다. 물론 이러한 사정을 이해 못하는 것은 아니지만 자식은 이 세상에 나란 존재의 실존적 물음과 무관하지 않는 존재이기에, 이들을 단순히 키우고 기르는 대상으로 한정하여 이해해서는 곤란하다. 유교의 오랜 전통인 효 또한 그러한 마음가짐에서 비롯된 것은 아닐까 한다.

그런데 이 부모와 자식의 관계가 오늘날 심각한 문제로 대두되고 있다. 최근 신문지상에 빈번히 등장하는 존속살인은 이를 대변한다. 특히 그 범행 동기의 대부분이 금전적 문제라는 점에서 이미 위험수위에 이르렀음을 보여준다. 물론 여기에는 더욱 가속화된 핵가족 형태와 실업, 자본 편중 등의 사회적 문제들이 결부되어 있을 것이다. 그러나 무엇보다 부모다움과 자식다움의 이른바 '다움'의 상실이 더 크다. 부모 역할을 제대로 하지 못하는 부모 밑에 자라는 자식이 제대로 성장할 리 없고 그러한 자식이 자식으로서, 또는 나아가 부모의 역할을 잘 하리라는 보장 또한 없기 때문이다.

남명의 부모를 대하는 모습과 자식을 대하는 모습에서 이를 확인할 수 있다. 우선 부모를 섬김에는, 아침저녁으로 반드시 살펴서 돌아가실 때까지 그만두지 않았고 자신에 대한 중한 일은 꼭 어머님께 허락을 구하여 실행했다. 무엇보다 부모의 마음을 아프게 하지 않는 것을 가장 중히 여겼다. 이와 관련된 일화 하나를 소개한다. 「연보年譜」에 따르면, 나이 9세 때 병이 난 것을 어머니께서 걱정하시니 그는 조금 차도를 보이는 듯이 꾸며 "하늘이 사람을 태어나게 함에 어찌 헛되이 하겠습니까? 지금 제가 다행히 남자로 태어났으니 하늘이 반드시 부여한 일이 있을 것입니다. 어찌 오늘 요절할 것을 근심하겠습니까?"라고 말하여 안심시켜 드렸다고 한다.

그가 자식을 대하는 모습도 비슷하다. 남명에게는 아들 차산次山이 있었는데 그는 어릴 때부터 매우 영특하여 유학자로서의 자질을 타고났다. 남명은 이런 아들을 애지중지했으나 9세 때에 그만 요절하고 말았다. 그 슬픔이 얼마나 컸던지 시 「상자喪子」에서 다음과 같이 탄식했다.

> 집도 없고 아들도 없는 게 중과 비슷하고, 靡室靡兒僧似我,
> 뿌리도 꼭지도 없는 이 내 몸 구름 같도다. 無根無蒂我如雲.
> 한평생 보내자니 어쩔 수 없는 일, 送了一生無可奈,
> 여생을 돌아보니 머리가 흰 눈처럼 어지럽구나!" 餘年回首雪紛紛.

자식을 잃은 남명의 슬픔이 얼마나 컸는지를 짐작할 수 있다. 민간에도 이러한 차산의 비범함과 요절에 대한 설화가 전한다. 차산은 도술을 잘 부렸는데 서산대사에 비교할 바가 아니었다.

이런 아들을 본 남명은 혹시 도술을 남용하여 세상을 그르칠까 염려하여 산해정 뒷산에 굴을 파고 감금하여 죽게 되었다. 이로 인해 차산이 묻힌 산을 조차산曹次山 혹은 차산등, 돗대산이라고 했다고 한다. 마치 아기장수설화를 연상시키는 것에서 민중의 관심사를 반영한 듯이 보인다.

산해정山海亭 : 남명은 여기서 30세부터 어머니가 돌아가시는 45세까지 살게 된다. 이 때 남명은 자신이 세상을 위해서 무엇을 할 수 있을까 하는 것을 심각하게 고뇌하였다.

이상에서 우리는 남명이 자식에 대한 애틋한 부정父情을 갖고 있으면서도 교육에서는 '감금'으로 표현된 엄격함으로 일관했다는 것을 알 수 있다. 이러한 모습에서 가장 중요한 것은 무엇일까? 바로 자신의 위치에서 몸과 마음을 다하는 것이다. 남명은 자식의 입장에서 부모에게 몸과 마음을 다하여 봉양했고, 부모가 되어서는 자식에게 역시 몸과 마음을 다하여 가르치고 사랑했던 것이다.

지난날처럼 부모는 자식에 대한 맹목적인 사랑을, 자식은 부모에 대한 효를 실천하라고 말하는 것이 아니다. 설사 그렇게 말하더라도 오늘날 이 말에 수긍할 부모나 자식은 아마 없을 듯싶다. 지금 중요한 것은 바로 그 정신이 지금도 유효하다는 사실이다. 자식을 대하는 마음에는 엄함과 따뜻함이 함께 있으며 자식이 부모를 대하는 마음은 정성과 공경의 마음이 함께 있어야 한다는 것이다. 그것은 무엇보다 이들이 혈연적 관계로 맺어져 있기 때문이다. 만약 이러한 사실을 부정한다면 이는 결국 나 자신의 존재를 부정하는 것이 되고 만다.

③ 형과 아우는 우애로 더욱 성숙할 수 있다

예전의 대가족을 생각해 보면 오늘날의 가족공동체는 매우 단출하다. 대개 두 명의 자녀를 두되 외아들, 외동딸도 흔하다. 그러니 형제, 자매 간의 관계라고 할 만한 것이 없다. 그렇다 하더라도 친족들이 있고 사회에 나아가 친구, 동기, 선후배 등 수많은 관계를 맺는다는 점에서 형제, 자매 간의 관계는 매우 중요한 출발점이 된다. 그럼 이들의 관계에 중요한 것은 무엇인가. 바로 '우애友愛'이다. 늘 들었던 말이지만 이것이 과연 무엇일까? 이것도 다름 아닌 사랑이다. 다만 여기에는 혈연적 관계라는 전제가 있다. 이는 어떤 인위적인 관계 이전에 이미 성립된 것이며, 따라서 부모 자식 간의 사랑과 본질적으로 다르지 않다. 물론 이러한 우애가 혈연적 관계로 맺어진 사람들에게도 그대로 이어지게 된다.

남명은 형제 간의 우애를 몸소 보여주었다. 그는 형제를 몸통, 팔다리와 같이 뗄 수 없는 관계로 여겼다. 성운이 쓴 「묘갈문墓碣文」을 보면, 그는 아우 조환曺桓과 우애가 돈독하여 한 집에서 같이 살면서 밥상을 맞대고 이불을 같이 덮으며 늘 화기애애하게 지냈다고 한다. 이어 늙도록 적사嫡嗣가 없자 승중承重으로 환桓에게 부탁할 정도였다. 혹 형제 중 가난한 이가 있으면 가산을 줄여서 나누어 주는 등 조금이라도 자기 것을 소유하려 들지 않았다.

한편 매부인 이공량李公亮, 정사현鄭思賢과도 매우 돈독한 관계였다. 이공량은 남명과 비슷한 나이에 삶의 방식 또한 공유했다. 그를 위해 지은 「영모당기永慕堂記」에 보면 "우리 자형은 만년에 자취를 감추고 세상을 피하여 술에다 몸을 감추었다. … 또 천하 만물을 마치 바람이나 구름, 초파리처럼 하찮게 여겼다. 그래서 주변 사람들도 때로는 그를 이해하지 못했다"라고 하여 그의 인품을 상당히 높게 평가했다. 그는 자형과 마치 벗처럼 격의 없이 지내며 우애를 돈독히 하면서도 많은 부분 의지했던 것으로 보인다. 지리산을 여행한 기록인 「유두류록遊頭流錄」에서도 동행하는 모습을 확인할 수 있다.

월담정月潭亭 : 월담정은 월담 정사현의 강마도의지소講磨道義之所로 건립하였다. 19세기 말에 현재의 위치로 옮겨 황산재黃山齋(경상북도 고령군 고령읍 지산리 344-1)라 개칭하였다.

　　정사현 또한 초야에 은둔했던 인물이다. 남명은 그가 머물러 있던 월담정月潭亭에 자주 들러 학문을 연마하는가 하면 고령 지역의 여러 선비들과도 교유하였다. 「제정사현객청題鄭思玄客廳」이란 시는 당시 이곳에 머물면서 지은 시로 알려져 있다.

푸르름 펼쳐진 못에 빗방울 떨어지는 자국,	綠羅池面雨生痕,
먼 산은 안개에 잠겼고 가까운 산은 어둑어둑하구나.	遠岫烟沉近岫昏.
만 년이나 된 소나무 나지막이 물을 눌렀고,	松老萬年低壓水,
나무는 삼 대를 지나 비스듬하게 문을 기대고 있네.	樹徑三世倚侵門.
가야 옛 나라의 산에는 무덤만 늘어서 있고,	伽倻故國山連冢,
월기 황량한 마을 없어진 듯 남아있는 듯.	月器荒村亡且存.
여린 풀은 파릇파릇 봄빛을 띠었는데,	小草斑斑春帶色,
해마다 한 치씩 혼을 녹이는구나.	一年銷却一寸魂.

월담정 주위의 모습을 응시하면서 황량한 월기마을을 지난날 가야의 패망과 교차시킨다. 부재에 대한 인식이 그러한 풍경 속에 되살아나는 모습을 그렸다. 바로 여기에 정사현과 누이의 죽음이, 그리고 이를 누구보다 안타까워했던 남명의 마음이 함께 서려 있는 것은 아닐까?

오늘날의 형제, 자매는 한 부모에게서 자라났다는 것 말고는 모두 각자의 생활에 충실한 나머지 서로의 우애를 돈독히 하는 경우가 드물고, 특히 돈 문제에서는 더욱 철저함을 보인다. 심지어 유산 상속으로 법정 다툼까지 가는 모습을 보면 과연 그들이 혈연관계인가 하는 의문이 들기도 한다. 그런 점에서 남명의 모습은 현재 우리의 모습을 되돌아보게 한다.

이러한 기본적인 구성원들의 관계, 그리고 그 관계를 지탱하는 각자의 마음가짐을 반성해 본다면 건강하고 행복한 가족공동체를 어렵지 않게 이룰 수 있다. 그 공간에서 우리는 안식과 위안을 받고 또 다시 사회로 나아갈 수 있는 삶의 원동력을 얻을 수 있을 것이다.

2. 주체적 개방성과 열린사회의 실현

현대사회는 다면적 측면에서 변화를 거듭하고 있다. 현대인들은 이러한 사회적 현상에 휩쓸리기도 하고, 이와는 반대로 내가 믿던 하나의 시선에 고정되거나 매몰되기도 한다. 즉 도도하게 흐르는 현실의 논리에 굴복하거나 도를 넘는 자기만의 아집 속으로 빠져들기도 한다는 것이다. 이러한 상황에서 우리는 '중심자'로 존재하면서 타인과 소통할 수 있어야 한다. '홀로' 있으면서도 '더불어' 있는 것이 인간 존재의 기본 양식이라면, 우리는 이를 깊게 성찰할 필요가 있다. 주체적 개방성은 바로 이를 의미하며, 이것은 또한 열린사회와 맞닿아 있을 때 가치가 있다.

남명기념관南冥記念館 : 남명기념관(경남 산청군 시천면 남명로 311)은 2001년 남명 탄생 500주년을 기념하여 건립이 추진되었으며 2004년 7월에 완공되었다.

1) 주체적 개방성과 균형감각

① 현실을 바라보는 주체적이고 개방적인 태도가 필요하다

우리는 인터넷의 그물망 속에 살고 있다. 그런 만큼 주변에는 다양한 정보들이 범람한다. 하지만 우리는 그 속에서 중심을 잡지 못하고 흔들리다 지쳐버리고 만다. 마치 파도치는 모습만 기억 속에 남겨질 뿐 그 심연의 모습을 생각하지 못한다. 그 뿐만이 아니다. 이러한 상황은 아이러니하게도 우리의 사고를 경직되게 한다. 인터넷

장자莊子(BC 369-BC 289?) : 남명은 『장자』 「소요유逍遙遊」의 대붕大鵬이 지향하는 '천지天池', 곧 '남명南冥'에서 그 호를 취했다.

상의 정보는 고정된 시각을 조장한다. 즉 보는 대로 믿게 한다. 이러한 모든 것들이 결국 세상을 바라보는 우리의 시선까지도 독단적으로 변하게 한다. 급기야 이런 상황은 현대판 양치기 소년을 만들어낸다. 사실을 사실이라고 하지만 아무도 그것이 사실이라고 믿는 사람이 없는 것처럼 말이다.

남명은 유학자이면서도 다양한 분야에 관심이 많았다. 특히 도가에 대해서는 상당한 깊이를 가지고 있었다. 그의 호인 남명이 『장자莊子』의 「소요유逍遙遊」에 나오는 대붕大鵬이 지향하는 '천지天池'에서 비롯되었다는 점에서도 이를 알 수 있다. 그래서일까? 그의 작품에는 이 도가적 세계관이 상당히 많이 흡수되어 있다.

한 예로 「산중즉사山中卽事」라는 시를 보자.

해 지는데 산골의 아이 호미를 메고 서서,　　　　日暮山童荷鋤長,
김맬 때도 묻지 않고 심은 때도 잊었다네.　　　　耘時不問種時忘.
오경의 학 울음소리에 새벽꿈을 깨자,　　　　　　五更鶴唳驚殘夢,
비로소 몸이 개미 나라 왕을 겸했다는 걸 알았다네.始覺身兼蟻國王.

　2구를 주목해 보면, 산골 아이가 호미를 매고 있지만 무엇을
할지 잊어버렸다는 것은 바로 도가의 '망아忘我', 즉 나를 잊는다
는 것을 나타낸다. 물론 여기에는 꿈이라는 소재를 통해 현실의
허무함을 곁들임으로써 자연 도가적 색채를 띠게 되었다고도 볼
수 있다. 그렇다 하더라도 그의 작품 이면에 이러한 도가적 풍이
스며있음은 부인하기 어렵다.

　이 외에도 그는 젊은 시절 "널리 경전을 두루 구하여 제가백가
에 통달했다."라고 알려져 있다. "음양, 지리, 의약, 도류의 대강을
섭렵했고 궁마, 행진의 법, 관방, 진수에 뜻을 두고 궁구하지 않음
이 없었다."라고 한 걸 보면 다방면에 관심이 많았던 모양이다.

　여기서 우리가 중요하게 볼 것은 그가 다방면에 관심을 표명
한 이유가 무엇인가 하는 점이다. 그는 『학기유편』에서 "바람이
두텁게 쌓이지 않으면 큰 날개를 싣지 못하듯이 천하의 일을 두
루 알고 있어야 발을 자리에서 견고히 붙여 일어날 수 있다."라
고 한 장자의 말을 인용한 것을 보면 이러한 관심의 다면성에 대
한 이유를 짐작할 수 있다. 결국 그가 하나의 학문에 고정되지

『학기유편學記類編』 : 남명이 수양에 유익한 선현의 언행을 골라 엮은 책이다.

않고 여러 학문적 분야를 통한 박학을 지향함으로써 자신의 주체적 인식을 확립함은 물론 현실에 대해 보다 개방적 태도를 취하고자 했던 것이다.

우리는 지금 다양한 학문과 사상의 격전지에 살고 있다. 과거 성리학이 지배하면서 여러 사상들이 이단으로 내몰려 함몰되는 시대를 상상하기 힘들다. 문제는 우리의 마음과 자세이다. 이러한 학문의 다양성을 수용하지 못하고 오히려 자신 안에 갇혀 자신이 믿고 있는 것만을 올곧게 지키고 있다. 그러니 답답한 노릇이 아닌가. 그럼 여기에 필요한 것은 무엇일까?

남명과 같이 세상의 다양한 것들을 담을 수 있는 열린 눈이 있어야 한다. 또한 다양한 소리에 옳은 소리를 분별할 수 있는 귀가 있어야 한다. 그리고 이를 자신의 주체적인 입장에서 판단하는 머리가 있어야 한다.

② 현실에 대한 자유와 질서의 균형감각이 필요하다

인간은 근본적으로 어디에도 구애되지 않으려는 자유의지를 갖고 있다. 그러나 태어날 때부터 인간은 현실의 보이지 않는 구속들에 얽매이게 된다. 그것은 작게는 관습이며 크게는 질서이다. 나이가 들어감에 따라 이러한 구속은 더욱 큰 짐으로 여겨진다. 이를 전적으로 부정할 수는 없다 하더라도 이를 벗어나고픈 마음은 더욱 간절하기만 하다. 이렇듯 자유의지와 질서의식의 구현은 서로를 구속하는 관계이다.

우리 사회를 보더라도 이 점은 명백하다. 우리는 젊은 세대들의 자유분방함에서 어디에도 구속되지 않으려는 자유의지를 느끼지만 기성세대들이 느끼는 당혹감 또한 크다. 분명 개인의 자유는 그 어느 것보다도 존중되어야 한다. 하지만 그 자유로움이 지나쳐 사회적 문제를 야기하고 최소한의 사회적 질서까지도 부정하는 것에 이르게 된다면 이를 어떻게 할까 하는 우려감이 짙게 드리워져 있다. 그래도 자유를 구속할 수 없는 것일까? 아니면 사회적 질서를 위해 자유를 구속해야 하는 것일까? 어느 하나를 부정할 수 없는 것이라면 우리의 선택은 그 경중을 고려할 수밖에 없지 않을까?

남명은 이에 대해 시사하는 바가 크다. 그의 의식에는 시비를 따져 현실에 질서를 부여하는 유가적 세계관과 이러한 시비를 벗어나 현실을 초월하는 도가적 세계관이 공존한다. 시 「함벽루涵碧樓」는 이를 잘 보여준다.

잃은 것을 남곽자 같이 하지는 못해도　　喪非南郭子,
강물은 아득하여 앎이 없다네.　　　　　江水渺無知.
뜬구름 같은 일을 배우고자 하여도　　　欲學浮雲事,
높은 풍취가 오히려 깨어 버리네.　　　　高風猶破之.

　1, 2구에서는 『장자』의 「제물론齊物論」에 나오는 남곽자기南郭子綦를 등장시켜 모든 것을 자연에 맡겨 나란 존재를 잃어버리는 도가적 상태를 언급하였다. 하지만 3구에서는 이러한 잃음을 부정한다. 물론 이 부분은 해석상의 논란이 있다. 현실의 시비를 뜬구름과 같이 보는 것과 부귀와 같은 현실 세계의 공명을 뜬구름으로 보는 것이다. 전자로 보면 현실 세계에서 있을 수밖에 없는 유무와 시비를 떠난 자유의 세계로 들어간다는, 이른바 현실을 부정하는 것이고, 후자로 보면 현실 세계에서 말하는 도리의 반대편에 있는 부귀를 부정하고 질서의 세계로 나아간다는, 이른바 현실을 긍정하는 것이다. 4구는 이러한 남명의 의식 속에 존재하는 유가와 도가의 세계관을 지양함으로써 보다 발전적으로 승화시키고 있다. 즉 초월과 참여의 양립은 부정하되 초월은 현실참여 속에서 긍정되고 있는 것이다.

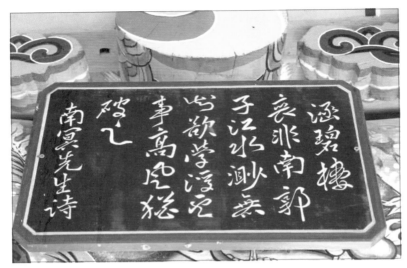

함벽루涵碧樓 시판 : 남명의 「함벽루」 시가 새겨져있다.

함벽루 : 함벽루(경상남도 합천군 합천읍 합천리)는 고려시대의 누각이다. 1321년(고려 충숙왕 8) 합주 지주사 김 모가 창건하였다고 한다. 퇴계 이황, 우암 송시열을 비롯한 여러 선현의 글이 걸려 있다.

172

　남명은 서로 다른 세계관의 양립 속에 서 있었다. 그 양립은 끝없이 평행선을 달릴 수도 있지만 서로 마주 선다면 언제든지 융합된 세계관을 형성할 수 있는 가능성이 내재되어 있다. 그에게 현실은 피할 수 없는 것이었던 만큼 하나를 부정하기보다는 그 현실 속에서 자신의 자유로움을 누릴 수 있는 최선의 방법을 선택했던 것으로 보인다.

　그런 점에서 자유의지와 질서의 구현을 적절히 조율하는 것이 필요하다. 개인의 자유의지는 얼마든지 허용해야 한다. 그러나 이것이 사회적 질서를 부정하거나 위협하는 것이라면 제한해야 한다. 사회가 공존하기 위해서, 그리고 다른 사람들의 자유가 침해받지 않는 가운데 누리는 자유가 진정한 의미를 갖기 때문이다. 남명의 말을 빌린다면 공존의 질서 속에서 자신의 자유를 누리는 것이 가장 중요하다.

2) 직분의 충실성과 소통사회

　좋은 사회란 어떤 사회인가. 구성원들이 인권, 행복 등 여러 가치를 골고루 누리는 사회이다. 이를 위해 좋은 사회는 기본적으로 열린사회를 지향해야 한다. 어느 사회라도 갈등과 분열이 없을 수는 없고, 따라서 다양한 견해들이 공존하기 마련이다. 그것들이 어떠한 목적과 이유에 관계없이 배제되지 않고 차이로서 받아들이는 사회가 있다면 아마 그러한 사회가 열린사회가 아닐까 한다. 그럼 이러한 사회를 실현하기 위해 어떠한 노력이 필요한가. 여기서는 두 가지를 제시하려고 한다.

① 자신의 직분에 충실해야 한다

심심찮게 들리는 고위공직자는 물론 하위공직자의 뇌물 수수 등과 같은 부정행위, 정치인들의 불법 자금들은 이제 새삼스럽지도 않다. 청렴결백해야 할 공직자들이 이러하니 다른 곳은 말할 것도 없다. 주위를 둘러보라. 어디 하나 성한 곳이 있는가. 각종 비리들이 조금의 틈만 있으면 비집고 들어와 그 주변을 오염시키고 있다. 여기다 청년들에게 취업은 지상 과제처럼 여겨지는 지금, 그들에게 직업은 단순히 경제적 수단을 해결하는 것에 불과할 뿐, 자긍심과 책임감을 요구하는 것은 무리일 수 있다. 그러니 자신의 직분에 넘치는 일에 자꾸 눈길이 간다. 이 너무도 자연스러운 무뎌짐은 국민들로 하여금 이러한 행위에 대한 비판적 판단력을 잃어버리게 하고 우리 사회를 병들게 만들고 있는지도 모른다. 모두 이러한 직분의 충실함보다는 자신의 안위를 우선 생각하는 마음에서 비롯된 것이다. 자신의 직분에 충실함은 이 사회에서 자신이 맡은 직분에 최선을 다하고 이에 만족하는 것을 말한다.

남명은 「봉명루鳳鳴樓」란 시에서 다음과 같이 읊었다.

남명선생추모제 : 남명선비문화축제 때의 남명기념관 특설무대에서 이뤄진 남명선생추
모제의 한 장면이다.

기산岐山 아래 남은 소리를 좇아 다락이 있으니,	岐下遺音屬有樓,
친현낙리親賢樂利하며 마침내 유유하구나.	親賢樂利乞悠悠.
촉석루 따라 새 집을 짓고부터,	自從矗石新開宇,
봉황은 울음 울며 아래 위로 흐르네.	六六鳴隨上下流.

   그는 문왕文王이 기산 아래에서 덕과 인의로써 행하던 왕도정
치가 지금 현실에서 실현되기를 희망하고 있다. 이를 위해 '친현
낙리', 즉 군자는 그 어진 것을 어질게 여기고 그 친한 것을 친하
게 여기며, 소인은 그 즐거운 것을 즐겁게 여기고 그 이로운 것
을 이롭게 여기는 것이 이루어져야 한다. 군자는 치자이며, 소인
은 피치자이니, 그는 상하가 자신의 직분을 다 하며 만족하게 살

아가는 것을 시대적 이상으로 여겼던 것이다.

자신이 맡은 직분은 단순히 경제적 수단이 아닌 사회를 구성하고 운영하는 중요한 한 부분에 해당한다. 따라서 그 분야에 있는 사람이 충실하게 맡은 바 일을 하지 않는다면 분명 어긋남이 생기게 되고 이것이 쌓이다 보면 나라 전체가 병들게 된다. 특히 공직자들은 그 책임이 엄중하다. 그들이 어떻게 맡은 바 소임을 다하느냐에 따라 국민들이 편안하게 자신이 하는 일에 만족하며 사는가에 영향을 미칠 수 있다. 그러니 한 나라의 수장인 대통령은 말할 것도 없다. 옳은 사람을 아끼고 그들에게 책무를 맡기며 국민들의 삶을 보살피는 것이 이상적 국가를 운영하는 방법이 될 것이다.

② 타인을 인정할 때 소통의 길이 열린다

요즘 들어 불통, 즉 소통 부재라는 말을 자주 듣는다. 정치권은 물론 사회 각 분야에서 소통되지 않는 답답함을 호소하는 경우가 늘고 있다. 예부터 우리의 선현들은 언로를 매우 중요하게 여겼다. 아무리 가혹한 정치가 행해지더라도 언로를 막지 않음으로써 한 가닥 희망의 끈은 살려뒀다. 오늘날은 더욱 많은 언로들이 공존한다. SNS를 비롯한 인터넷, 모바일, 유튜브, 팟캐스트 등이 그것이다. 과학기술의 발달로 인한 다양한 매체의 성장은 여기에 큰 역할을 했다. 이들의 최근 성장세를 본다면 앞으로 점차 다양한 역할을 할 수 있을 것으로 보인다.

그런데 이러한 다양한 소통의 길을 열어두는 만큼 중요한 것이 있다. 바로 소통의 자세이다. 소통의 당사자들이 서로 소통하려는 자세가 되어 있지 않다면, 그 길이 아무리 다양하고 많다한들 무슨 소용이 있겠는가.

우리는 여기서 남명의 충언에 귀 기울여 보려고 한다. 그가 보기에 현실의 문제는 결국 '내치內治'에 좌우된다고 했다. '외치外治'는 이러한 내치로 자연스럽게 해결될 수 있다고 보았다. 다음의 「책문제策問題」에서 이 점을 확인할 수 있다.

> 바야흐로 임금의 앞에서 조정이 취할 방책을 한창 논의하고 있는데 이미 그 방책이 새나가서 왜인들의 귀에 들어가는 형편이다. 나라 안으로 한낱 남의 심부름하는 역관이나 내시 같은 무리의 비행도 다스리지 못하면서 어찌 나라 밖으로 온갖 교활한 짓을 행하는 흉악무도한 무리를 제압할 수 있겠는가.

그는 나라의 내적 기강이 문란하기 때문에 역관이나 내시들이 왜구들과 결탁하여 비행을 일삼고, 백성들이 괴롭힘을 당하게 된다고 보았다. 그렇기에 그는 내치의 문제를 역설했던 것이다. 특히 그 내치에 가장 중요한 것이 '정의情義'로 상하가 상호 소통되어야 함을 강조하였다. 여기서 정의란 상하가 모두 자신을 숨김없이 드러내는 것이다.

남명은 66세 때인 1566년에 명종을 배알했다. 그때 남명이 명종에게 올린 진언을 보면,

(임금님께서는) 이 사람은 조심성 있고 중후하니 뒤에는 반드시 어떤 사람이 될 것이라 하시고, 이 사람은 재주 있고 민첩하니 뒤에는 반드시 어떤 사람이 될 것이라 하실 것입니다. 그리고 이 사람은 굳세고 곧으니 반드시 귀에 거슬리는 말을 진언할 것이라 하시고, 이 사람은 줏대가 없으니 반드시 아첨하는 무리가 될 것이라고 하실 것입니다. 군하도 역시 임금님이 뜻을 발하는 것에 대하여 이것은 선한 생각이니 마땅히 십분 개방하고 인도하여 확충시켜야 한다고 할 것이고, 이것은 불선한 생각이니 마땅히 막고 끊어 뻗어 나가지 못하게 해야 한다고 할 것입니다.

윗사람이 이러한 정의로 소통하면 아랫사람이 인재인지를 정확히 파악할 수 있고, 아랫사람 또한 이러한 정의로 소통하면 윗사람의 명령이 옳은지를 정확히 판별할 수 있다고 했다. 만약 상하가 소통하지 못한다면 그들 간의 불신이 정치의 혼란으로만 끝나는 것이 아닌, 바로 국민들의 고난으로 이어지게 된다는 것이다. 그러나 명종은 이에 귀 기울이지 않았던 듯하다. 무엇보다 소통의 자세가 문제였던 것이다.

오늘날 문제가 되고 있는 것 역시 이처럼 소통하려는 자세의 부재에 있다. 왜 마음을 열어두지 않으려 하는 걸까? 여기에는 자신의 고정관념과 독단적 판단이 개입하고 있다고 본다. 그렇기에 이러한 아집에서 벗어나 자신을 숨김없이 드러내야 한다. 어떠한 사심도 없는 공심의 자세로 행동해야 한다. 그러면 자신의 뜻이 자연스럽게 실행될 수 있고 거기에 맞는 평가 또한 적절하게 받을 수 있을 것이다.

특히 고위 공직자들에게는 이러한 자세가 절실히 요구된다. 그들이 만약 이러한 소통의 자세를 갖지 않는다면 윗사람은 무엇으로 현명하고 능력 있는 사람을 임명할 것이며, 아랫사람은 무엇으로 윗사람의 판단이 옳고 그른지를 판별할 것인가, 더 나아가 그런 사람들이 모여 있는 정부가 무엇으로 국민들의 마음을 이해할 것이며 어떻게 나라를 운영할 것인가 의문이다.

3. 개성에 입각한 실천주의 교육

지금 우리의 교육 현실은, 교육이 백년지대계百年之大計라는 말이 무색할 정도로 참담하다. 이러한 현실을 타개하기 위해 남명의 자기주도형 학습을 통한 개성교육과 인성교육을 다시 주목할 필요가 있다. 개성을 강조하는 교육은 학습자 중심의 교육에서 가장 중요한 능력별 차등 교육법을 의미한다. 그리고 인성교육에 기반한 교육은 잃어버렸던 '자아'를 되찾는 인성 중심의 교육과 앎을 행동으로 옮길 수 있는 실천 교육을 말한다. 이는 남명학이 교육학과 어떻게 접목될 수 있는가 하는 부분을 명확하게 보여준다는 측면에서 중요하다.

1) 자기주도형 학습을 통한 개성 강조

교육은 백년지대계라고 했다. 그러나 지금의 교육 현실은 참담하기만 하다. 정권이 교체될 때마다 바뀌는 교육제도도 문제지만 여기에 대학 진학을 최고의 지상 과제로 생각하는 부모들의 거센 반발은 상황을 더욱 혼란스럽게 한다. 이에 대처하는 교육당국의 안일한 태도로, 지금 교육 현장은 경쟁과 폭력만이 난무하는 상황에 이르렀다.

최근 들어 자기주도형 학습이란 말이 마치 캐치프레이즈처럼 교육현장에 유행하고 있다. 이는 7차 교육과정에서부터 글로벌화 되어 가는 교육환경의 변화에 따라 기존의 주입식 교육을 지양하고 자기주도 학습을 통해 창의력과 문제 해결 능력을 갖춘 인재를 기르겠다는 목적으로 도입되었다.

자기주도형 학습이란 학습자가 주체가 되어 학습과정을 스스로 이끌어나가는 학습활동을 의미한다. 여기서 중요한 것은 바로 학습자가 주체가 된다는 점이다. 즉 학생 스스로가 학습을 주도적으로 할 수 있는 능력을 가진 학습자로 성장하는 데 주안점이 있는 것이다. 그러니 학습자에게는 스스로가 잘 할 수 있다는 자신감을 갖고 효율적인 학습전략을 짜서 적합한 학습 환경에서 이를 실천하는 것이 요청된다.

이러한 점에서 자기주도형 학습은 그 취지만 본다면 매우 적절한 방법일 수 있다. 그러나 학습자의 태도가 변화되어야 한다

경상북도문화콘텐츠진흥원 : 경상북도문화콘텐츠진흥원(경북 안동시 영가로 16)에서 어린 아이들이 자기 스스로 책을 보고 있는 모습이다.

는 점이 우선 문제이다. 이미 입시 교육에 길들여진 그들을 어떻게 변화시킬 수 있을까, 과연 가능은 한 것인지 의문이다. 설사 학습자의 태도가 바뀐다고 하더라도 그 교육의 내용이 현 주입식 교육의 내용과 다르지 않다면 무슨 소용이 있겠는가.

지금 교육현장을 보라. 중, 고등학교의 대다수가 주입식 교육에서 벗어나지 못하고 심지어 고 3은 입시에 맞는 EBS 교재만을 탐독하고 있지 않은가. 이러한 현실을 부정하거나 외면한 무조건적인 판단은 공허한 메아리에 불과하며 그 효과 또한 기대하기 어렵다. 전략을 바꾸어야 한다. 그 대상을 초등학생으로 한정하고 그들의 진급에 따라 이를 확대해 나가는 방식도 하나의 방법일 수 있겠다. 이러한 전제에서 우리는 자기주도형 학습에 대한 지침을 남명으로부터 들어보기로 하자.

① 학습자 중심의 교육에서 가장 중요한 것이 바로 '자득自得'이다

'자득'이란 스스로 얻는다는 뜻이다. 교수자에 의해 이미 고정화된 지식을 얻는 것이 아닌 자기 스스로 의문을 갖고 이를 해결해 나가는 과정을 통해 지식을 얻는 것이다. 이러한 지식은 비록 체계적이지는 못하다 하더라도 자신이 몸소 체득한 살아있는 지식으로 더 많은 사색의 계기를 제공하고 열린 사고를 지향하게 된다.

가족끼리 책을 보는 모습 : 남명은 독서를 통한 자득自得을 특별히 강조했다. 이를 통해 개성적 학문과 진취적인 인재를 양성할 수 있을 것이다.

물론 그 자득의 순서는 가장 기본적인 것에서부터 고차원적인 것으로 나아가야 하는 것은 당연하다.

남명은 이러한 자득을 매우 중요시 했다. 만약 지식인이 자득함이 없이 많이 알기만 하고 그것을 운용할 줄 모르면 아는 것이 아무 소용이 없다고 했다. 『학기유편』에서 공자가 성과 천도에 대해 드물게 말한 이유는 그것이 자득이 아니면 알지 못한다는

말을 인용하여 중시했던 것도 바로 이러한 이유에서이다.

이 점은 제자들의 증언에서도 보인다. 정인홍은, "한갓 서책에 의지하여 의미를 강론하여도 실제로 체득함이 없는 것은 끝내 소용이 없으니 이를 마음에 체득하여 입으로 표현하기 어려운 듯해야 한다. 학자는 말을 잘 하는 것을 귀하게 여기지 않는다." 라는 말을, 또한 김우옹은 "나는 배우는 사람들에게 단지 혼수昏睡를 깨울 뿐이다. 이미 눈이 열리고 나면 천지일월을 볼 수 있게 될 것이다"라는 말을 전하고 있다.

교육의 가장 기초적인 것을 철저히 하되 단계를 올라갈수록 자신이 스스로 체득하여 알아가는 방법과 거기에 맞는 교육 내용을 만들어가야 한다. 그렇게 함으로써 각자의 학문적 개성이 살아나고 이는 대학교육으로 이어져 보다 창의적이고 진취적인 인재들을 키울 수 있는 방법이 될 것이다.

② 능력에 맞는 교육법의 차등을 두는 것도 중요하다

교육의 목표는 하나일 수 있으나 그 방법은 절대 동일할 수 없다. 그 이유는 교육의 대상자인 인간이 동일하지 않기 때문이다. 따라서 각자의 개성을 살려 그에 맞는 교육이 이루어져야 한다. 한때 그러한 분위기가 있긴 했다. 자신의 특기를 살려 하나만 잘 하면 된다고. 그러나 그 교육방법의 시행은 큰 반향을 일으킨 것 과는 달리 결과는 비참했고 많은 원성을 샀다. 무엇이 문제였을 까? 그 취지는 좋았다 하더라도 대학 진학을 위한 학력 위주의 교육방식에 대한 반대급부로 임시방편의 성격이 강했던 것은 아니었을까 짐작해 본다.

남명은 개인의 자질에 따라 가르침의 방법을 달리 하였다. 그들이 지향하는 목표는 성현됨이라는 점에서 한결같다. 그러나 이러한 길에 이르는 방법은 그들의 자질에 따라 달라져야 한다고 믿었다.

그의 제자 중 정탁이란 인물이 급한 성격으로 인해 자칫 일을 그르칠까 염려하여 소를 통해 경계하고자 했던 일이나 김우옹이란 인물이 매우 온순한 성품의 소유자였기에 이러한 성품이 세상을 살아가는 데 결코 좋지만은 않았기에 굳건한 기상을 가지도록 노력하기를 바랐던 일은 이를 잘 보여준다.

이러한 일화에서 보듯 제자들이 가진 능력과 정신에 맞게 적절히 조언해 줌으로써 자신의 지식을 확충함은 물론 인격을 도야하도록 유도하기 위해서였다. 마치 공자가 제자들의 성향에 따라 동일한 질문에 대한 각기 다른 대답을 제시했던 것과 같다.

그런 점에서 오늘날 교육은 너무도 획일적이다. 각자의 개성은 이미 지워진 지 오래고 모든 것이 일률적인 것만을 요구한다. 몇 해 전부터 시행된 방과 후 학습은 이를 보완하는 듯했지만 그것 또한 교과 학습의 연장으로 활용되면서 퇴색해 버렸다. 여기에 좋은 대학을 지향하는 입시 경쟁은 사교육을 부추김으로써 우열의 나뉨이 더욱 심해짐은 물론, 이제는 고착화되는 경향을 보이고 있다. 분명한 사실, 즉 교육은 차별이 아닌 차등을 지향해야 함을 우리는 남명의 교육관에서 확인할 수 있다.

2) 인성교육을 통한 실천적 지식인 지향

인성교육의 중요성은 이른 시기부터 있어왔다. 다만 입시 공부에 밀려 돌아볼 여유가 없었다. 그러는 동안 '중 2병'이라는 말이 나돌 정도로 지금 교육 현장은 심각한 상태이다. 그들에게 학교, 그리고 교육은 무엇일까? 아마도 그들에게서 학교는 대학을 가기 위한 곳이며 교육이란 입시교육을 생각할 것이다. 그러니 학생들은 성적에 의해 우열로 평가되고 이 스트레스는 폭력으로 분출된다. 선생님들은 이러한 학생들로 인해 멍들고 지쳐간다. 누구의 잘못이라고 탓하기 전에 지금 각자의 자리에서 무엇이 잘못 되었는지 반성해 볼 일이다.

이러한 상황에서 인성교육진흥법이 제정(2015년 1월 20일)된 것은 불행 중 다행이다. 이 법의 제1조에서 "이 법은 「대한민국헌법」에 따른 인간으로서의 존엄과 가치를 보장하고 「교육기본법」에 따른 교육이념을 바탕으로 건전하고 올바른 인성人性을 갖춘 국민을 육성하여 국가사회의 발전에 이바지함을 목적으로 한다."라고 적혀있다. 바로 이러한 측면에서 우리는 전통을 다시 돌아볼 필요가 있다. 여기에 인성교육의 핵심이 있기 때문이다.

뮤지컬, 「의병출정식」 : 제37회 남명선비문화축제 당시 뮤지컬 「의병출정식」의 한 장면이다.

① 잃어버린 '나'를 찾는 인성교육이 필요하다

자신의 정체성이 확립될 나이에 그들에게는 '나'란 존재하지 않는다. 오랜 시간을 누구의 나로 살아왔기 때문이다. 여기에는 부모님의 영향, 선생님의 영향, 각종 과학문명의 이기들이 그들의 생각과 마음을 마비시켜 버린 탓이다. 그러다 보니 나란 존재를 잃어버렸다.

남명은 '성성자'라는 방울을 차고 다니며 늘 자신의 맑은 정신을 환기시키고자 하였다. 마음이란 자칫 외부의 유혹에 흐트러질 수 있기 때문에 이를 늘 경계하고자 했던 것이다. 이러한 남명의 모습은 제자들을 가르치는 데에서도 그대로 나타난다. 특히 어린 탓에 인간의 감각적 통로를 통한 원초적 욕망이 마음을 쉽게 물들일 수 있기 때문이다.

오건吳建이란 제자가 있었다. 하루는 남명이 그에게 다음과 같이 말한다. "음식을 등줄기로 먹지 않고 목구멍으로 먹는구나." 라고 하면서 야단을 쳤다. 김우옹에게는 "천하에 제일 통과하기 어려운 관문이 여색이다. 너희들은 이 관문을 통과할 수 있느냐. 이 관문은 쇠와 돌도 녹일 수 있다."라고 말했다. 순수할수록 변질되기 쉽다. 제자들에게 원초적인 욕망에 흔들지 않도록 당부한 것은 아직 순수한 본성을 잃지 않았을 때, 또는 때가 덜 묻었을 때 이를 바로 잡지 않으면 다시 회복하기는 너무나 힘들기 때문이다.

남명의 경의敬義공부는 이러한 맥락에서도 힘을 발휘할 것이다. 나를 올곧게 세우는 것은 결국 내 마음의 문제이다. 지금의 청소년들은 현실의 갖가지 왜곡을 그대로 받아들여 자신의 순수한 본성이 손상된 상태라고 할 수 있다. 그렇지만 그들에게 아직 회복할 수 있는 희망의 빛은 살아있다. 다만 시급할 뿐이다.

따라서 그들에게 '나'를 찾아가는 인성교육을 해야 한다. 아마 지금까지 던져보지 않았던 여러 물음들, 즉 인간의 탄생과 죽음, 그 사이에 있는 삶, 나는 어떻게 태어났고 어떠한 삶을 살아가고 있으며 지금 나는 무엇을 좋아하고 싫어하는지 등에 대한 계속된 질문과 대답 속에서 자신의 존재를 알아가는 것이다. 그렇게 하다보면 어느새 안개 속에 가리워져 있던 '나'란 존재가 드러나게 될 것이다. 이러한 교육은 아직 혼란기에 접어들지 않은 어린

나이일수록 더욱 좋은 효과를 발휘할 것이다.

청소년의 문제는 미래에 대한 우리의 과제인 만큼 이들에게는 더욱 절실한 문제가 될 수 있다. 이제 갓 세상과 직면하면서 상처받을 수 있는 청소년들에게 이러한 방법을 체험하고 학습할 수 있는 다양한 프로그램을 개발한다면 단순한 전통의 학습을 넘어 보다 굳건하게 현실을 살아갈 수 있는 용기를 줄 수 있으리라 생각된다.

② 실천적 지식인을 길러야 한다

오늘날의 아이들은 12년의 교육과정 속에서 많은 지식을 습득한다. 나이에 비해 너무도 벅찰 만큼. 그러나 이러한 지식이 나에게 무슨 의미가 있는가라고 묻는다면 뭐라고 대답해야 할까? 단순히 지식의 쌓음을 통해 박학다식한 지식인이 될 수 있다고 말해야 할까? 아니면 그러한 지식은 필요 없으니 무시해도 된다고 해야 할까? 오늘날은 굳이 학교가 아니더라도 인터넷을 통해 마음만 먹으면 짧은 시간에 많은 지식들을 쉽사리 얻을 수 있다. 그러한 시스템 속에 사회는 분명 전자를 요구하고 있다. 아니 그래야 한다고 강조하기도 한다.

그러나 진정 그러한가. 남명은 지식만 추구하고 실천이 따르지 않는 것을 매우 부끄러워했다. 이러한 실천정신은 자기 비판에서 비롯되는데, 자기에게 부여되는 '허명虛名'을 가장 괴로워하며 경계했다. 이는 무엇보다 '수기修己'에 입각한 일상생활의 실천이 부족한 데에서 온 것이라 여겨 더욱 적극적인 실천의지를 보여 주었다.

당시 퇴계에게 지나친 성리논쟁을 비판하는 데에서 이 점을 확인할 수 있다. 그는 송나라 학자들이 이미 실천에 따른 이론을 모두 구비했으니 후세의 학자들은 오직 이에 따른 실천만 하면 된다고 했다. 그 실천은 바로 자신의 심성 수양을 바탕으로 한 『소학小學』의 '쇄소응대灑掃應對', 즉 물 뿌려서 마당을 쓸고 어른에게 공손히 응대하는 등과 같은 실생활의 가장 기본적인 가르침을 행하는 것이다. 또한 그는 실천의 구체적인 지침으로 효제충신孝悌忠信과 같은 도덕적 실천을 강조한다. 백성들이 이러한 도덕적 실천덕목을 상기하고 실천하도록 유도해야 한다고 했다. 형이상학적 논의는 이것이 행해진 뒤에 해도 늦지 않다는 것이다.

이러한 실천적 태도는 결국 지식인으로 하여금 자신의 지식을 어떻게 현실을 위해 활용할 것인가 하는 지식의 운용을 매우 중요하게 인식하도록 했다. 다음의 「언행총록言行總錄」에 실린 글에서 이 점을 확인할 수 있다.

> 후생이 알맞게만 하는 데 힘을 쓴다면 다른 날 어찌 나아감을 볼 수 있겠는가. 부자夫子가 뜻은 크지만 행동이 거친 사람을 취한 것이 이 뜻이었다. 다만 경관은 아까운 점이 있다. 만약 가는 톱으로 끊어 나누어서 글자를 만든다면 여러 서적을 인쇄할 수 있을 것이다. 저 쪽에서 사용할 수 없는 물건이라도 우리는 쓸모 있는 물건이 되기 때문이다. 그러나 모두 불에 태워 버렸으니 참으로 아까운 일이다.

단속사지삼층석탑斷俗寺址三層石塔 : 단속사지(경상남도 산청군 단성면 운리)에 있는 통일 신라시대의 삼층석탑이다. 동·서 삼층석탑은 각각 보물 제72·73호로 지정되어 있다.

1568년 성여신成汝信 등이 경남 산청군 단성면에 있는 단속사斷 俗寺의 불상과 불경이 새겨진 목판을 불에 태워 남명에게 용서를 구하자 남명이 그들에게 한 말이다. 여기서 그는 불판을 태운 것 은 아쉽지만 그것으로 다시 서적을 인쇄할 수 있다고 여겼다. 우 리는 그가 경험으로 체득하여 지식의 '실용實用'적 측면을 강조하 고 있음을 알 수 있다.

아무리 많은 지식이 산재해 있더라도 그러한 지식들이 나에게 모두 다 가치 있는 것은 아니다. 참된 앎이란 결코 현실과 그 현 실을 살아가고 있는 인간의 삶과 동떨어질 수 없다. 아무리 고원 한 지식이라도 결국 그것도 인간의 삶을 윤택하게 하기 위해 존 재하는 것이라야 가치가 있기 때문이다.

③ 실천을 통해 앎은 완성된다

삶의 가장 기본적인 앎을 실천하는 것이 우선시 되어야 한다. 쉬워 보이지만 제대로 실천하기 어려운 것인 만큼 이는 모든 것의 토대가 된다. 남명이 공리공담을 비판하고 생활의 기본적인 실천을 강조한 것은 바로 이러한 이유 때문이다.

유학의 오랜 전통 속에 이 지행합일은 매우 중요한 가르침으로 여겨져 왔다. 선진유가 시대에 실천의 문제에 골몰했다면 주희의 등장으로 앎의 문제로 옮겨오면서, 앞선 시대의 행과 지의 거리를 좁히려는 노력 즉 어떻게 이들을 합일시킬 수 있을지에 대해 많은 선현들이 고민했다. 우리나라의 선현들 또한 지행합일을 말하지 않는 이가 없다. 그러나 그 경중은 같지 않다. 지보다는 행에, 또는 행보다는 지에 무게를 둔다. 무엇이 보다 바람직한지는 알 수 없다. 다만 남명은 행에 무게를 두고 있음이 분명하다.

모든 것이 앎에 초점이 맞춰져 있는 오늘날에 이러한 문제를 고민하지 않을 수 없다. 생각해 보라. 현대인들이 지식이 부족하여 옳은 삶을 살지 못하는 것인가. 오히려 그것을 행할 수 있는 실천력의 부족이 더 큰 문제가 아닐까?

④ 실천적 지식인은 사회적 책무를 자각하는 지식인이다

남명은 당대의 현실을 위기상황으로 인식하여 이를 적극적으로 개혁하고자 했고 지식인이라면 무엇보다 그렇게 해야 한다고 믿었다. 물론 여기에는 앞서 언급한 자득이 없이는 불가능하다. 그 예로 「무진봉사戊辰封事」에서 그는 다음과 같이 말한다.

> 신이 홀로 깊은 산중에 살면서 굽어 민정을 살피고 우러러 천상을 보며, 탄식하고 울먹이다가 잇달아서 눈물을 흘린 적이 자주 있습니다. 신은 전하께 조금도 임금과 신하로서의 긴밀한 의를 맺은 적이 없는데, 무슨 은택에 감격해서 탄식하며 눈물 흘리기를 그치지 못했겠습니까? 사귐은 얕은 데 말이 심각하여 실로 죄가 있습니다. 다만 생각건대 이 땅의 곡식을 먹어온 지 여러 때 째 된 백성이고 더구나 세 조정의 징사徵士가 되었습니다. 따라서 신의 몸은 주나라 때 과부에 비길 만하니 소명이 내려진 오늘날에 어찌 한 말도 올리지 않겠습니까?

그는 산중에 있으나 탄식하고 눈물을 흘리지 않을 수 없다고 했다. 그 이유는 굶주리고 떠도는 백성들을 생각한 때문이다. 그들을 구할 수 있는 것은 임금을 통해서이기에 상소를 통해 자신의 견해를 강하게 주장했던 것이다.

남명의 이러한 주장은 오늘날에도 유효하다. 그러나 현실 개혁의 의지를 적극적으로 표출하기에는 한계 또한 분명하다. 여러 매체들의 발달로 언로는 다양하게 공존하지만 그러한 만큼 자신의 의견이 진실하게 반영되기보다는 왜곡되고 폄하되기 일쑤이다. 그럼에도 현실에 대한 적극적인 관심과 참여는 지식인에게 중요한 몫인 것 또한 분명하다. 정치적, 현실적 무관심은 결국 사회의 혼란을 자처하는 꼴이 될 수도 있기 때문이다.

남명기념관 입구 : 방문객이 남명기념관 입구에서 문화재해설사의 설명을 듣고 있는 모습이다.

제5장

결론

　현대 사회는 물질지상주의와 이기주의가 만연하여 전통적인 예의범절은 물론이고 인간으로써 지켜야 할 기본적인 도리마저 제대로 지키지 않는 극도로 혼란한 사회다. 사회 지도층을 비롯한 각계각층에 광범위하게 만연된 부정과 부패는 도를 넘어 사회의 기강마저 무너뜨리고 있다. 이러한 위기적 상황에서 윤리와 도덕이 존중되고 정직과 정의가 실현되기 위해서는 선비의 모범으로 존경 받았던 남명 조식 선생의 사상과 학문에 대한 현대적 인식과 계승이 필요하다. 남명 사상의 현대적 인식과 계승은 다음과 같이 크게 네 가지 점에서 의의가 크다.

1) 위민정신과 국가관 확립

남명은 백성이 나라의 근본이자 주인이라 생각했다. 이러한 생각을 바탕으로 그는 백성들의 곤궁한 삶에 대해 깊이 인식하면서 관료사회의 혁신을 부르짖고 나섰던 것이다. 당시 각종 세금과 부역으로 인해 백성들은 생활 터전을 잃었고, 관료사회는 이에 대한 근본적인 개혁과 혁신을 이룩하지 못했다. 남명은 국가혁신을 위해 가장 중요한 것이 '용인用人', 즉 관리를 선발하고 등용하는 일이라고 생각했다. 이를 위하여 국정 책임자는 '거울' 같은 마음으로 균형감각을 갖고 사람을 판단할 수 있는 '저울'이 필요하다고 했다. 여기에는 물론 사욕을 없애는 자기성찰과 이를 바탕으로 정의를 구현하고자 하는 실천정신이 뒤따라야 한다. 이러한 남명의 생각은 우리 시대를 위한 것이라 해도 과언이 아니다.

① 나라의 근본은 백성

남명은 백성이 나라의 근본이라는 민본사상을 강조했다. 그것은 「민암부民巖賦」에서 잘 드러난다. 백성은 물과 같아 "임금을 받들기도 하지만 나라를 뒤엎을" 수도 있다는 것이다. 이러한 민본사상은 민이 곧 천天이라는 동양 전통의 사상에 뿌리를 두고 있다. 그러니 임금은 백성을 두려워하고, 정치를 바르게 하여 백성의 삶이 경제적으로는 풍요롭고 사회적으로는 안정되어 원망의 소리가 나오지 않도록 해야 한다는 것이다. 백성들의 삶이 편안하기를 기원하는 남명의 간절한 마음이 이러한 민본사상으로 드러난 것이라 하겠다.

② 정직하고 청렴한 공직자상 확립

공직자를 비롯한 정치인들의 부정과 부패가 사회적 문제가 되고 있다. 그것은 공직자의 윤리헌장에 명시된 바와 같이 공공에 봉사하는 위민정신과 도덕적 해이 때문이다. 다산 정약용은 공직자의 덕목으로 율기律己・봉공奉公・애민愛民 세 가지를 들면서 이 가운데 '율기'를 가장 중시했다. '율기'란 스스로를 규율하는 것이다. 다른 말로 '자기 통제' 또는 '자기 관리'라 할 수 있을 것이다. '봉공'은 공公을 받드는 것이며, '애민'은 백성[民]을 사랑하는 것이다. 공직자로서 애민, 봉공은 기본이면서 중요한 것이지만 스스로를 규율함이 없이는 이것 또한 기대하기 힘들다. 율기가 중요한 것은 바로 여기에 있다. 스스로를 규율한다는 것은 인격적 자기완성을 추구하는 것이자 다른 사람의 모범이 되는 것이다.

남명은 정직과 청렴은 자기 수양에서 나온다고 하며 자기 관리에 철저했다. 한 점의 부끄러움이 없는 삶을 살기 위해 노력했다. 그것은 '한 점의 티끌이 있다면 배를 갈라 오장육부를 냇물에 씻어 보내겠다.'고 한 「욕천」 시에서도 드러난다. 그렇기 때문에 우암尤菴 송시열宋時烈(1607-1689)은 남명의 신도비명에서, "사람마다 공정한 마음을 귀하게, 사사로운 욕심을 천하게 여길 줄 알고, 현실 사회에서 깨끗하게 사는 것을 숭상하면서 관권의 탐욕스러움을 부끄럽게 여길 줄 알게 한 것은 선생의 공이다."라고 하였다.

③ 위국헌신의 국가관 확립

남명은 배운 것을 실천하는 지행합일知行合一을 강조했다. 특히 위정자들을 비롯한 지식인들에게는 배움과 실천을 함께 해나가야 되는 솔선수범의 자세를 중시하였다. 정치를 담당했던 조정의 대신들과 관료들이 배움과 다른 행동으로 국정의 혼란을 야기하고, 백성들의 삶은 곤궁하고 피폐하게 만들었으며 급기야는 임진왜란과 같은 국난을 초래했던 것이다.

오늘날에도 사정은 마찬가지이다. 정치인들의 비리와 불법은 사회적 공분을 자아내고, 대학교수를 비롯한 지식인들의 비리와 탈선이 도를 넘어 지탄의 대상이 되고 있다. 공인으로서의 책임의식과 자긍심은 지역 사회와 국가를 지탱하는 바탕이자 동력인데도 불구하고 이것이 없으니 자멸은 당연한 것이다.

남명은 왜구의 침략을 심각하게 인식하면서 제자들에게 문무를 겸전하도록 가르쳤다. 여기에 강력한 자주의식과 구국활동이 개재될 수 있었다. 그는 일개의 처사였지만, 제자들에게 병서兵書와 진법陣法을 익히게 하여 국가적 위기에 대응할 수 있게 했다. 남명이 이러한 생각을 할 수 있었던 것은 김해에서 18년 동안 생활할 때 왜구의 침략에 백성들이 당하는 고통을 직접 목도하였기 때문일 것이다. 따라서 왜구의 침략에 대비해 평소 국방을 강화하고 왜적이 침입하면 지형과 지세를 슬기롭게 이용하여 물리칠 방책을 강구해야 한다고 했다. 이러한 남명의 구국정신과 문무겸전의 정신은 남명 사후 20년 뒤에 일어났던 임진왜란 당시 그의 문하에서 50여 명의 의병장이 배출되는 배경이 되었다.

2) 공정한 정의사회 구현

남명은 당대 현실을 총체적 위기로 진단했다. 16세기는 위기 상황이었다. 빈번한 사화와 외구들의 잦은 침략으로 국정은 문란하고 백성들은 곤궁한 삶을 면치 못했다. 남명은 그러한 당대의 현실에 국정의 최고 책임자인 임금에게 구급救急을 외치며 현실을 직시하라고 했다. 곤궁한 백성들의 삶을 개선하기 위해서는

정치를 혁파하여 공정하고 정의로운 사회를 만들어야 한다. 그것
은 부패하고 무능한 관료사회를 혁신하여 부조리를 척결하고, 인
재 선발을 공정하게 하여 적재적소에서 능력을 발휘할 수 있을
때 가능하다.

① 부조리 척결과 관료사회의 혁신

남명은 공물을 관장하는 지방 서리들의 횡포와 관료사회의 적
폐에 대해 강력하게 비판하고, 그것을 척결하여 혁신할 것을 강
조했다. 이러한 생각은 1568년 2월에 선조에게 올린 「무진봉사戊
辰封事」에 잘 나타난다. 여기에서 그는 중앙과 지방의 각 관아에
서 하급 행정과 경찰, 군사 업무 등을 담당하는 서리들이 백성들
의 생활현장에서 공물과 부세로 자신의 사리사욕만을 채우고 있
으니, 나라가 대단히 위급하다고 했다. 사정이 이러함에도 불구
하고 서리들은 "우매하게 자신의 위험을 무릅쓰고 나라를 위해
일하지도 않으면서 걱정스러운 세상을 즐거운 듯 살아간다."라
고 하면서 관리들을 태만을 통렬히 비판했다.

부정부패와 탈법이 횡행하는 사회는 불신이 팽배하고 극심한
갈등이 야기 되어 공동체는 파괴된다. 사회라는 공동체를 건강하
게 지탱할 수 있는 힘은 신뢰와 정의다. 그리고 신뢰와 정의는
청렴과 정직에서 나온다. 공직자들부터 올바르지 않은 이익을 탐
하지 않는 견리사의見利思義하는 자세를 지녀야 한다. 올바르지
않은 이익을 탐하지 않고 바르게 행동하는 것은 어느 시대를 막

론하고 중요한 덕목이었다. 수신과 검약儉約으로 스스로 모범을
보였던 선비들의 삶을 새롭게 주목해야 하는 것이다.

② 인재의 공정한 선발

정의롭고 공정한 사회가 되기 위해서는 무엇보다 부정과 부조
리가 없어야 한다. 남명은 서리들이 국록을 탕진하고 간신들이
정권을 농락하여 백성들의 삶이 곤궁에 처한 당시의 상황을 타
개하기 위해서는 가장 중요한 것이 통치자의 마음과 역할이라고
했다. 부정과 부조리가 싹트지 않도록 노력하는 통치자의 자세가
긴요하다는 것이다. 그 예로 남명은 인재 등용의 부조리를 우선
적으로 들었다. 인재 등용의 문제는 피폐된 백성들의 삶을 회복
하는 것과 직결되는 문제이기에 중요하지 않을 수 없었다.

남명은 인재를 나무에 비유하여 그 중요성을 역설하였다. 훌륭
한 인재라면 비록 과거를 거치지 않더라도 그 역할을 해 낼 수
있기 때문에, 그러한 인재를 알아 적재적소에 쓸 줄 아는 안목과
도량이 있어야 한다고 했다. 남명은 군주를 목수에 빗대어, 군주
의 가장 큰 임무는 바로 이러한 인재를 제대로 쓰는 데 있다고
강조하였다. 그것은 오늘날에도 마찬가지이다. 인재를 공정하게
선발하여 적재적소에 배치하여 능력을 발휘하게 함으로써 부조
리를 몰아내고 공정한 사회를 만들 수 있는 것이다.

③ 봉사하고 실천하는 자세

남명은 "군자君子의 도는 필부필부匹夫匹婦의 일상생활에서부터 시작되어 가정과 나라, 천하에까지 미치는 것이니, 다만 선악善惡을 분별하여 몸이 정성스럽게 되도록 하는 데에 달렸을 뿐"이라고 하였다. 곧 일신의 안위나 영달을 추구하지 않고 관직에 나아가면 자신의 자리에 충실한 일을 해야 하며, 물러나 은거隱居해 있으면 스스로를 지킬 줄 아는 것이 선비라는 것이다. 선비가 전통사회에서 그 시대의 지성인으로 인식되었던 것처럼, 지금 우리 사회가 요구하는 이념을 제시하며 봉사하고 실천하는 사람이 바로 오늘의 선비이고 지성인이다. 따라서 오늘날 지식인은 단순하게 지식만을 습득하는 것이 아닌 사회가 요구하는 크고 작은 현안들에 적극적으로 올바른 견해를 제시하고 행동하는 시대의 양심이 되어야 한다.

3) 인성의 강조와 개성 교육

남명은, 일상생활에서 가장 중요한 것은 인간이 올바른 인성을 갖추고 지켜야 할 기본적인 덕목을 실천하는 것이라 생각했다. 즉 어버이에게 공순하며 형제 간에 우애 있고, 이웃을 사랑하며, 어른에게 나아가고 물러나는 절도가 있어야 한다는 것이다. 이른바 쇄소응대灑掃應對와 진퇴지절進退之節에 대한 강조가 그것이다.

교육은 바른 인성을 바탕으로 이러한 생활의 기본을 가르치는 것이다. 이에 바탕하여 남명은 개인의 자질을 중시하여 그것을 계발할 수 있도록 지도하였고, 배운 것을 바르게 실천하여 사회와 국가에 이바지할 수 있도록 했다. 이것은 인성교육진흥법(2015년 1월 20일 제정)의 제정에서도 알 수 있듯이, 우리 시대 교육의 중요한 지침이 아닐 수 없다.

① 인성과 생활의 기본 덕목 강조

남명은 실생활과 동떨어진 고담준론이나 공리공담을 비판하고 생활의 기본이 되는 쇄소응대灑掃應對, 즉 '물 뿌리고 비질하는' 하학의 실천공부를 특별히 강조하였다. 이러한 실천공부의 근원이 바른 인성에 있음은 물론이다, 여기서 인성이란, 자신의 내면을 바르고 건전하게 가꾸고 타인·공동체·자연과 더불어 살아가는 데 필요한 인간다운 성품을 말한다.

남명은 공부란 우주의 섭리를 논하는 거창한 것이 아니고, 마당에 물 뿌리고 비질을 하는 법에서부터 어른께 나아가고 물러나는 데 절도가 있고, 어버이를 사랑하고 이웃 어른을 공경할 줄 알며, 스승을 모시고 벗을 사귀는 등 생활의 기본적인 실천 덕목에서 비롯된다고 하였다. 그런 다음에 점차 배움을 넓혀 하늘의 이치를 터득하고 우주 생물의 마음을 촉발시키는 하늘의 덕[天德], 사람으로서 지녀야 할 덕[達德]으로 나아가야 한다고 했다. 만약 여기에 힘쓰지 않고 성리의 오묘한 이치를 궁구하는 이른

바 상학으로 곧바로 나아간다면, 그 배움은 두 발 없이 공중에 서 있는 것과 같은 공허한 학문이 되고 만다는 것이다.

남명의 이러한 주장은 오늘날에도 유효하다. 하루가 멀다 하고 들리는 소리들, 가령 거리나 학교에서 노인이 젊은이에게, 교사 가 학생에게 폭행을 당했다거나, 가정에서 자식이 부모를 폭행 혹은 살인했다거나 하는 일들이 비일비재하다. 현실이 이러함에 도 정작 가정에서는 부모가 자식이 올바른 인격을 지닌 사람으 로 성장하기보다는 남에게 뒤처지지 않는 사람만 되기를 바라며, 학교에서는 인성교육보다는 단순한 지식 전달에 급급하다. 모두 가 생활의 기본을 지키지 않은 탓이다. 예의와 윤리보다는 자기 의 이익과 편리함을 우선시하기 때문이다. 이러한 사람들의 세상 에서 과연 무엇을 기대할 수 있을까? 진정 생활의 기본이 서야 인간답게 사는 사회가 이루어질 수 있음을 알아야 한다.

② 학문의 다양화와 개성 중시

선생은 성리학 일변도가 아닌 학문의 다양화와 개성 교육을 중시했다. 개인의 자질에 따라 가르치며 제자백가를 섭렵하여 그 것을 자기의 것으로 만드는 것을 중시했다. 당시 성리학의 이론 적인 측면만을 궁구함에 따른 폐단을 익히 알고 제자들에게 성 리학 일변도가 아닌 학문의 다양화로 천문·지리·의학·궁마· 진법 등의 학문도 가르쳤다. 그리고 선생은 "사람을 가르칠 때 반드시 자품을 보고 그에 따라 격려하였으며, 책을 펼쳐 놓고 강론하려 하지 않았다."라고 하였다. 이 같은 생각은 교육에서 학습자를 중심에 두었기 때문에 가능한 것이다. 남명이 배우는 사람의 자질에 따라 교육을 하려고 했던 것은 다음과 같은 일화에서 잘 드러난다.

약포藥圃 정탁鄭琢(1526-1605)은 재주가 뛰어나고 성격이 활달하여 웬만한 사람은 그와 상대가 되지 않았다. 그런 그가 공부를 마치고 집으로 돌아가려 할 때, 남명은 자신의 집에 소 한 마리가 있으니 타고 가라고 하였다. 이상히 여긴 약포가 그 까닭을 물으니, "공은 말을 너무 잘 한다. 타고난 기백이 날렵하다. 그건 좋은 일이긴 하나 공은 지나치다. 지나친 것은 더디고 굼뜬 것만 못하다."라고 하였다. 남명은 너무 성급히 서두르는 그의 성격을 염려해서 소처럼 신중하고 참을성을 기르라는 의미에서 했던 말이었다.

한편 남명은 온순한 성격의 소유자였던 동강 김우옹에게는 "침잠沈潛한 사람은 모름지기 강하게 일을 해야 한다. 공은 역량이 낮고 얇으니 모름지기 아랫사람으로 일당백一當百으로 공부해야 겨우 될 만하다."고 하며 굳건한 기상을 기를 것을 당부했다. 김우옹은 이러한 스승 남명의 가르침을 늘 새기면서 굳은 의지와 마음을 닦는 일에 힘써 뒷날 과거에 합격하여 벼슬길에 나아가 이조참판 등을 역임했다. 이렇게 남명은 제자들의 성격과 자질을 파악하고 이에 따라 교육함으로써 자신의 능력을 최대한 발휘할 수 있도록 했다.

③ 지행합일의 실천 정신

남명은 배운 것을 실천하는 지행합일知行合一을 강조했다. 특히 위정자들을 비롯한 지식인들에게는 배움과 실천을 함께 해나가야 되는 솔선수범의 자세를 중시하였다. 임진왜란이라는 국가적 위기가 도래한 것은 위정자들의 잘못이 크지만, 그것을 극복하는 데는 당시의 지식인이었던 선비들의 노력 또한 부정할 수 없다. 선비들은 국가의 위기에 목숨을 아끼지 않고 왜적과 싸웠다. 남명 문하에서 50여 명의 의병장이 배출된 것도 배운 것을 실천한 결과였다. 망우당 곽재우(1552-1617), 송암 김면(1541-1593), 내암 정인홍(1535-1623), 대소헌 조종도(1537-1597)를 비롯한 많은 의병장들은 글 읽는 선비였다. 글 읽는 선비들이 왜적에게 백성이 도륙 당하는 것을 보고만 있을 수 없어 목숨을 아끼지 않고 싸움에 앞장섰다. 그러자 일반 백성들도 선비들과 함께 전쟁터로 나갔던 것이다. 사회적 재난이나 국가의 위기에 정치인을 비롯한 지도층 인사들이 생명의 위험을 무릅쓰고 앞장서서 노력할 때 재난과 위기는 극복된다. 그것은 배운 것을 실천하려는 지행합일의 태도와 자기가 몸담고 있는 지역과 국가의 주인이라는 자각에서 시작된다.

4) 새로운 인간상 제시

남명이 현대의 우리에게 남긴 유산은 성찰하는 인간상과 실천하는 교양인의 모범이었다. 남명은 성찰을 통한 자기 수양과 사회적 실천, 즉 경의를 통해 인간의 얼굴을 한 더불어 사는 사회공동체를 건설하고자 노력하였다. 곧 현재 우리가 처한 상황을 제대로 인식하고, 미래의 올바른 방향을 모색해 볼 수 있는 것이다.

① 성찰하는 인간상

물질만능과 인성파괴의 현대사회에서 끊임없이 반성하고 성찰하는 인간상을 제시한다는 점에서 남명학은 시대적 가치를 지닌다. 남명 사상의 핵심인 경의敬義는 자기를 성찰하는 수양의 과정과 사회적인 실천과정을 부단히 반복하면서 개인적으로는 윤리적으로 더 높은 인격을 만들고 사회적으로는 올바르고 정의로운 행복 사회를 만들어가야 된다는 의미이다.

② 실천적 교양인

남명은 성찰하고 실천하는 지식인이었다. 남명은 그 당시 퇴계학파를 중심으로 이루어지는 성리 논쟁에 대해 "헛된 이름이나 훔쳐서 남들을 속이려는" 첫 번째 사이비 지식인이 하는 짓이라고 평가절하하고 있다. 남명은 말만 난무하는 형이상학적인 천리보다도 최소한이나마 인간으로서의 기본적인 태도와 품성, 모든 사람들이 실천할 수 있는 것, 즉 손으로 물 뿌리고 비질하는 인간 자세의 중요성을 이야기하고 있다. 남명은 성찰을 통한 인격수양과 함께 생활의 실천, 사회적 실천을 강조하면서 정의롭고 인간다운 행복한 사회를 만드는 길에 솔선수범하였다. 후일 남명 학파들은 성찰을 통한 사회적 실천을 중시하는 학문성향과 현실 에 대한 비판정신을 어떤 학파보다 더 강력하게 추구하는 경향 을 보였다. 따라서 남명이 세상을 떠난 지 20년 후에 벌어진 임진 왜란에서 그의 제자들이 대거 의병을 일으켜 백척간두의 위기에 처한 조선을 구하는 데 혁혁한 전공을 거둘 수 있었던 것이다.

③ 더불어 사는 인간상

남명은 성찰을 통한 자기 수양과 사회적 실천, 즉 경의敬義를 통해 인간의 얼굴을 한 더불어 사는 사회공동체를 건설하고자 노력하였다. 남명은 내 멋대로 식의, 내 자신의 행복만을 추구하 는 것이 아니라, 존재에 대한 깊은 도덕적 성찰을 통해 타인들과 의 관계를 인간적인 것으로 만들어가는 더불어 사는 공동체를 지향하고 있다. 사회공동체에서는 지켜야 할 인간적인 규범과 도 리가 있다. 사람들이 각자 처해진 사회 조건 아래 인간적인 규범 과 도리를 잃지 않고 자기 일에 충실하면 행복한 삶을 살 수 있 고, 이에 따라 사회의 공동선이 추구되는 것이다. 남명학이 오늘 날 새롭게 조명되는 이유는 바로 성찰을 통한 자기 수양과 사회 적 실천을 통한 더불어 사는 공동체 구현일 것이다.

참고문헌

경상남도, 『경남관광종합계획』, 경상남도, 2003.

경상남도, 『제3차 경상남도 종합계획』, 경상남도, 2001.

경상대 남명학연구소 옮김, 『남명집』, 한길사, 2001.

국립순천대학교, 『지리산권문화연구단 자료총서』, 지리산권문화연구원, 2009.

김충렬, 『남명 조식의 학문과 선비정신』, 예문서원, 2006.

남명학연구원, 『남명학파 연구의 신지평』, 예문서원, 2008.

문화관광부, 『지리산권 관광개발계획 수립 연구』, 문화관광부, 2005.

박용국 외 편저, 『전통시대 공부론 자료선집』, 이회, 2008.

박용국, 「경남문화재단의 바람직한 역할 모색」, 『경남문화연구』 33, 경상대학
      교 경남문화연구소, 2012.

박용국, 「영남지역 선비문화의 초등역사교육 활용」, 『퇴계학과 유교문화』 41,
      경북대학교 퇴계연구소, 2007.

산청군, 『산청 21세기 비전』, 산청군, 2000.

산청군, 『산청군 군정백서』, 산청군, 2002.

설석규, 『남명학파 정치철학 연구』, 남명학연구원출판부, 2002.

손병욱, 「한국선비문화연구원의 효율적 운영방안 고찰」, 『남명학연구논총』 15,
      남명학연구원, 2010.

손병욱, 「남명 경의사상의 기저로서의 정좌수행」, 『남명학연구논총』 2, 남명학
      연구원, 1992.

신병주, 『남명학파와 화담학파』, 일지사, 2000.

오이환, 『남명학의 새 연구』, 한국학술정보, 2012.

이상필, 『남명학파의 형성과 전개』 와우출판사, 2005.

이성무, 『선비평전』, 글항아리, 2011.

이혜영, 『지리산 둘레길, 시작과 끝을 잇는 700리 걷기여행』, 우공이산, 2012.

정우락, 『남명문학의 철학적 접근』, 박이정, 1998.

정우락, 『남명학파의 문학적 상상력』, 역락, 2009.

정우락, 『남명학의 생성공간』, 역락, 2014.

지리산권문화연구단, 『지리산과 명산문화』, 디자인흐름, 2010.
최석기, 「남명 조식의 왜구침입에 대한 우려와 대책」, 『남명학연구논총』15, 남
　　　명학연구원, 2010.
최석기, 『나의 남명학 읽기』, 경인문화사, 2007.
최석기, 『남명과 지리산』, 경인문화사, 2006.
최원석, 『지리산권 풍수 자료집』 남원·구례·하동·산청·함양, 이회, 2010.
최해갑, 「남명의 교학사상」, 『남명학연구논총』1, 남명학연구원, 1988.
허권수, 『절망의 시대 선비는 무엇을 하는가』, 한길사, 2001.
한국국학진흥원, 『안동, 유교문화권 역사체험』, 2002.
한국국학진흥원, 『유교문화박물관』, 2008.

경상남도 http://www.gsnd.net/jsp/main/main.jsp
산청군 http://www.sancheong.ne.kr/main/
한국국학진흥원 http://www.koreastudy.or.kr/
한국학중앙연구원 http://www.aks.ac.kr/